জোসেফ নুয়েন একজন আধ্যাত্মিক চিন্তাবিদ, যাঁর একমাত্র লক্ষ্য হল ব্যক্তি সাধারণকে তাদের ঐশ্বরিক উদ্দেশ্য সম্পর্কে অবগত করে তাদের মনের অসীম সম্ভাবনাকে উদ্দীপিত করা এবং সমস্ত মনস্তাত্ত্বিক যন্ত্রণার ঊর্ধ্বে গিয়ে প্রাচুর্যপূর্ণ জীবনযাপন করতে সাহায্য করা। তাঁর বেশিরভাগ সময়ই কাটে লেখালেখি, কোচিং, শিক্ষকতা এবং তার অনুগামীদের সঙ্গে গভীর আলাপ আলোচনায়। তাঁর অনন্ত জ্ঞানের আলো তাঁর অনুগামীদের অন্তর থেকে দেবত্ব আবিষ্কার করতে এবং তারা সারা জীবনব্যাপী যে উত্তরটি সন্ধান করে চলেছেন তা খুঁজে পেতে সহায়তা করে।

আপনি যা ভাবছেন সবকিছু বিশ্বাস করবেন না

আপনার চিন্তারাই আপনার দুঃখের কারণ আবার সমাধানও

জোসেফ নুয়েন

অনুবাদ: অনিন্দিতা ঘোষ

মঞ্জুল পাবলিশিং হাউস

First published in India by

Manjul Publishing House

Corporate and Editorial Office

• 2nd Floor, Usha Preet Complex, 42 Malviya Nagar, Bhopal 462 003 – India

Sales and Marketing Office

• C-16, Sector 3, Noida, Uttar Pradesh, 201301 – India

Website: www.manjulindia.com

Distribution Centres

Ahmedabad, Bengaluru, Chennai, Hyderabad,
Kochi, Kolkata, Mumbai, New Delhi, Pune

Original English language edition published by Joseph Nguyen,
Florida, USA. Arranged via Licensor's Agent: DropCap Inc.

This edition first published in India in 2024
Second impression 2025

ISBN 978-93-5543-713-6

Translation by Anindita Ghosh

Cover design: Bhavi Mehta

Printed and bound in India by Manipal Technologies Pvt. Ltd.

কেননা-কে

আমার জীবনের দেবদূত, যে আমাকে শিখিয়েছে
নিঃশর্ত ভালোবাসার প্রকৃত অর্থ কী
এবং তা দিয়ে গোটা পৃথিবীকে কীভাবে বদলে দেওয়া যায়।

সূচি

কৃতজ্ঞতা স্বীকার

আপনাকে ধন্যবাদ, সিডনি ব্যাঙ্কস, আপনি যে নীতিগুলি আবিষ্কার করেছেন তা প্রকাশ্যে আনার জন্য। আপনার জন্যই আমি নিজের মধ্যে সত্য খুঁজে পেয়েছি এবং বিশ্বের দরবারে তা উপস্থাপনের সাহস জোটাতে পেরেছি।

আমার শিক্ষক এবং আমার পরামর্শদাতা, জো বেইলি ও মাইকেল নীলকে ধন্যবাদ, আমাকে সেই তিনটি নীতি শেখানোর জন্য, যা আমার জীবনকে চিরতরে বদলে দিয়েছে। আপনাদের উদার এবং দয়াশীল হৃদয়ের প্রতি আমি চিরকৃতজ্ঞ থাকব। মানুষের প্রতি আপনাদের এই কর্তব্য, যা আপনারা এতদিন পালন করে এসেছেন এবং ভবিষ্যতেও করবেন তার জন্য আপনাদের ধন্যবাদ।

আমার সমস্ত প্রিয় বন্ধু এবং পরিবারকে ধন্যবাদ (মা, বাবা, অ্যান্টনি, জেমস, ক্রিশ্চিয়ান, ব্রায়ান এবং আরও অনেকে) যারা আমাকে আমার দেবত্ব আবিষ্কার করতে সাহায্য করেছেন এবং এই বইটি লিখতে আমাকে উৎসাহ দিয়েছেন। আপনারা যদি আমার পাশে না থাকতেন তাহলে আজ হয়তো এই বইটির অস্তিত্ব থাকত না। আমার বিশ্বাস আমার জীবনে আপনাদের এই অসীম প্রভাব আগামী প্রজন্ম, যারা এই বইটির সংস্পর্শে আসবে তাদের জীবন পরিবর্তন করে দেবে।

এত সুন্দর একটি হৃদয়ের অধিকারিণী হওয়ার জন্য তোমাকে ধন্যবাদ, কেননা। তুমি না থাকলে আমার জানাই হতো না সত্যিকারের নিঃশর্ত ভালোবাসা কাকে বলে। আমি তোমার সুন্দর উপস্থিতিতে চিরকাল অভিভূত হয়েছি। আমার এবং অন্যদের প্রতি তুমি যে অফুরন্ত ভালোবাসা ও স্নেহ বর্ষণ করে চলেছ তার জন্য কোনও ধন্যবাদই যথেষ্ট নয়।

ভূমিকা

এই বইটি থেকে আপনি কী জানতে পারবেন এবং এটি পড়ে আপনার কী লাভ হবে

আপনি সারাজীবন ধরে যা খুঁজে চলেছেন এই বই আপনাকে তার সন্ধান দেবে। আপনার জীবনের সমস্ত প্রশ্নের উত্তর খুঁজে দেবে এই বই। আমি জানি, আমি হয়তো একটু বেশি অতিরঞ্জন করে ফেলছি, কিন্তু আমার এই আত্মবিশ্বাসের কারণটা আপনি খুব শীঘ্র বুঝে যাবেন।

আমি আমার আত্মার গভীর থেকে যে সত্য জেনেছি, তাতে আপনি এই বইটি পড়ার পর আর আগের মানুষ থাকবেন না। পরিবর্তনই হল একমাত্র ধ্রুবক। বৃদ্ধি আমাদের জীবনের একটি অনিবার্য প্রক্রিয়া, এবং এই বইটি পড়ার পর আপনার জীবনে কোনও পরিবর্তন আসবে না, তা মেনে নেওয়া অসম্ভব।

'আমরা যা নিয়ে সচেতন নই তা পরিবর্তন করতে পারি না এবং একবার আমরা সচেতন হলে, আমরা সেটা পরিবর্তন না করে পারি না।'

—শেরিল সানবার্গ

আপনি যেই হোন না কেন, আপনি যেখানেই থাকুন না কেন,

আপনার ব্যাকগ্রাউন্ড যাই হোক না কেন, আপনি কী করেছেন বা করেননি, আপনার কোনও সহায় সম্পদ বা মর্যাদা আছে কি নেই, আপনি ধনী হোন বা গরিব, আপনি আপনার জীবনে শান্তি, নিস্বার্থ ভালোবাসা, পরিপূর্ণতা এবং প্রচুর আনন্দের স্বাদ উপভোগ করতে পারেন। আমি প্রতিশ্রুতি দিচ্ছি যে, এ কথা সর্বোতভাবে সত্য এবং এর কোনও ব্যতিক্রম নেই। যদিও শুরুতে আপনার তেমন অনুভব নাও হতে পারে। ভালোবাসা কোনও সীমা জানে না। আপনি যে উত্তরগুলি খুঁজে চলেছেন তা খুঁজে পেতে আপনাকে মুক্তমনা হতে হবে।

এবং হ্যাঁ, এই বইটির বিষয়বস্তু কী তা বোঝার জন্য অত্যন্ত ব্যবহারিক কিছু উদাহরণ রাখা হয়েছে, যা বেশির ভাগ ক্ষেত্রেই আমার কোচিং ক্লায়েন্টদের অভিজ্ঞতা থেকে নেওয়া হয়েছে। যেমন, তাদের আয় দুই থেকে পাঁচ গুণ বেড়েছে, তারা তাদের ব্যবসা দ্রুত বৃদ্ধি করেছে, তাদের সম্পর্ক আরও গভীর এবং প্রেমময় হয়ে উঠেছে, তারা আজীবন আসক্তি থেকে মুক্ত হয়েছে, তাদের ধ্বংসাত্মক অভ্যাসগুলি আপনা থেকেই অদৃশ্য হয়ে গেছে এবং তাদের স্বাস্থ্য, স্ফূর্তি এবং জীবনীশক্তি বৃদ্ধি পেয়েছে। তাদের জীবনে প্রতিদিন এমনই কিছু অলৌকিক ঘটনা ঘটে চলেছে। এই নীতিগুলির প্রভাবে এই মানুষগুলোর জীবন কতটা উন্নত হয়েছে এবং তারা কতখানি শুভ ফলাফল পেয়েছে, আমি যদি সেগুলো তালিকাভুক্ত করি তবে এই বইয়ের অর্ধেকের বেশি প্রতিদিন ঘটে যাওয়া অলৌকিক গল্পে ভরে যাবে।

আমি এই 'বাহ্যিক' ফলাফলগুলি উল্লেখ করতে চাই না কারণ তা এই বইয়ের উদ্দেশ্য নয়। এগুলি হৃদয় দিয়ে অনুভব করার বিষয়। সত্যি বলতে কী, আমরা টাকা-পয়সার মতো বাহ্যিক ফলাফল চাই কারণ আমরা প্রেম, সুখ, শান্তি এবং সন্তুষ্টির মতো অনুভূতিগুলোকে ভালোবাসি। আমাদের জীবনের চাওয়া-পাওয়াগুলো কি বস্তুসাপেক্ষ? না, ঠিক তা নয়, কিন্তু আমরা এই বিশ্বাসের ফাঁদে পড়ে যাই যে

আমরা এই সমস্ত কিছু অর্জন করলেই সেই অনুভূতিগুলোকে হাতের মুঠোয় আনতে পারব। এই আবেগের মধ্যেই সমস্ত রহস্য লুকিয়ে আছে।

এই বইটি আপনাকে গাইড করবে কীভাবে আপনি আপনার হৃদয়ের গভীরের সত্যটি উন্মোচন করবেন এবং কীভাবে এই অনুভূতিগুলি খুঁজে পাবেন যা আপনি সারাজীবন ধরে অনুসন্ধান করছেন। চলুন, এখন আপনি এই বইটা কীভাবে পড়বেন সে বিষয়ে কিছু নির্দেশনা দেওয়া যাক।

শুধুমাত্র কিছু তথ্য জোগাড় করার জন্য এই বই পড়বেন না, এই বইটা পড়ুন অন্তর্দৃষ্টির স্বার্থে। অন্তর্দৃষ্টি বা বুদ্ধিমত্তা কেবল অন্তর থেকেই আসে, এবং সেই হেতু একে অন্তর্দৃষ্টি (অভ্যন্তরীণ) বলা হয়। আপনি জীবনে যা খুঁজছেন তা অর্জন করতে, আপনাকে অবশ্যই নিজের সত্তাকে প্রাধান্য দিতে হবে এবং আপনার মধ্যে বিদ্যমান বুদ্ধিমত্তাকে চিনে নিতে হবে। সমস্ত উত্তর আপনার আত্মার গভীরে লুকিয়ে আছে। এই বইটি আপনাকে সঠিক জায়গায় অনুসন্ধান করতে সাহায্য করবে। আমাকে সেই ব্যক্তির প্রশংসা করতেই হবে, যিনি বিশ্বাস করেন, তিনি যা খুঁজছেন তা কোনও না কোনও সময়ে তিনি খুঁজে পাবেন। এর অর্থ তার এখনো আশা আছে। আর আশা ছাড়া আমাদের কোনও অস্তিত্ব নেই। সুতরাং আপনি এখানে যা পড়ছেন তা আপনার বিশ্বাস, সাহস এবং শক্তির প্রমাণ। আমি একশ শতাংশ নিশ্চিত যে আপনি যা খুঁজছেন তা আপনি অবশ্যই খুঁজে পাবেন, যদি আপনি আশা নিয়ে আপনার হৃদয়ের পথ অনুসরণ করেন।

আমি স্পষ্ট করে বলতে চাই যে, এই বইটিই একমাত্র বই নয় যেখানে সত্যের ইঙ্গিত রয়েছে। সত্য সর্বত্র এবং প্রত্যেকের মধ্যে বিরাজ করছে। আপনাকে চেনা পরিধির (বস্তুগত) বাইরে যেতে হবে এবং সত্যকে (আধ্যাত্মিক) অনুভব করতে হবে। এই বইয়ের কথাগুলো প্রকৃত সত্য নয়। তারা সত্যের পথ দেখায়। এই সমস্ত কথার ঊর্ধ্বে গিয়ে নিজেই সত্য খুঁজে নিন। সত্যকে কখনও বুদ্ধিমত্তা

দিয়ে অর্জন করা যায় না; তা শুধুমাত্র অভিজ্ঞতায় ধরা দেয়। সত্য সর্বদা অনুভূতির মধ্যে নিহিত থাকে, তাই একে কোনও শব্দে বেঁধে ফেলা যায় না।

আবেগের মধ্যেই সত্যের বীজ নিহিত থাকে, তাই তা ভাষায় প্রকাশ করা যায় না।

আপনি যদি প্রকৃত সত্য অনুসন্ধান করতে চান তবে সমস্ত শব্দবন্ধের ঊর্ধ্বে গিয়ে অনুভূতির সন্ধান করুন।

যারা ইতিমধ্যে প্রকৃত সত্য খুঁজে পেয়েছেন তাদের মধ্যে অনেকেই এই অনুভূতিকে আপার শান্তি, নিঃশর্ত ভালোবাসা এবং অনন্ত সুখ বলে বর্ণনা করেছেন। তারা এও বলেছেন এ অনুভূতি তাদের কাছে যেমন চেনা আবার অচেনাও বটে। সেই অনুভূতিটাই খোঁজার চেষ্টা করুন, দেখবেন একটা সময় আপনার সামনে সবকিছু উন্মোচিত হয়ে যাবে। আমি আপনাকে এই বইতে এমন কিছু বলব না, যা আপনি আগে থেকেই জানেন। তাই যখন আপনি ধীরে ধীরে সত্যের কাছে অগ্রসর হবেন, তখন সেটা চেনা-অচেনার একটি মিশ্র অনুভূতির মতো হবে।

আপনার অভীষ্ট লক্ষ্যের কাছাকাছি পৌঁছানোর জন্য আপনি কখনওই আপনার বুদ্ধিমত্তার প্রয়োগ করবেন না, ভুলেও না। যখনই আপনি সেই দিকে এগোবেন, আপনার থেকে তা ততই দূরে চলে যাবে। দু-একটা বাক্য মুখস্থ করে সত্যকে ধরা যায় না। একটি শিশু অনায়াসেই কতগুলো লাইন মুখস্থ বলে যেতে পারে, কিন্তু তারা কি তার অন্তর্নিহিত সত্য বুঝতে পারে? প্রকৃত সত্য আসে অনুভূতির মাধ্যমে।

সেই অনুভূতি থেকে একদিন আপনার অভীষ্ট জ্ঞান এবং সত্যের আলো আসবে, যা আপনাকে মুক্ত করে দেবে। আমরা সবাই আজীবন তারই অন্বেষণ করে চলেছি, কী তাই তো?

এই বইটির মাধ্যমে আমি আপনাদের কাছে যে বিষয়গুলি তুলে ধরব, তা আদতে খুব সহজ বলে মনে হবে। এতটাই সহজ মনে

হবে যে, আপনার মস্তিষ্ক (অহং) এর সঙ্গে লড়াই করার চেষ্টা করবে বা বিষয়টাকে একটু জটিল করে তোলার চেষ্টা করবে। এমনটা মনে হবে যে, বিষয়টা কোনওভাবেই এত সহজ হতে পারে না। যখন এমন সময় উপস্থিত হবে, আপনি অবশ্যই মনে রাখবেন যে সত্য সবসময় খুব সহজ হয়। যা কিছু জটিল তা ছোট ছোট অংশে বিভক্ত করা যেতে পারে। সত্যকে ছোট ছোট উপাদানে ভাগ করা যায় না, যা দিয়ে সত্য গঠন করা যায়। এই কারণেই সত্য সবসময় সরল। **আপনি যদি সত্যের আনন্দ উপলব্ধি চান, সরলতা সন্ধান করুন।**

শুদ্ধ হৃদয় এবং খোলা মন নিয়ে যদি আপনি এই বইটি পড়েন, তবে আপনি যা খুঁজছেন তা আপনি অবশ্যই খুঁজে পাবেন।

আপনি যে আমার কথাগুলো মনোযোগের সঙ্গে পড়ছেন এবং আপনার সময় ব্যয় করছেন, তার জন্য আমি আপনার কাছে কৃতজ্ঞ। এ হল আপনার সেই মূল্যবান জীবনীশক্তি, যা আপনি কাউকে দিতে পারেন, তাই আপনি নিজেকেও যে উপহার দিচ্ছেন তার জন্য আপনাকে ধন্যবাদ। আপনার দেবত্বকে কখনই ভুলে যাবেন না। কারণ আমাদের দেবত্বর কারণেই আমরা মানুষ।

প্রেম ও আলোর সঙ্গে

জোসেফ

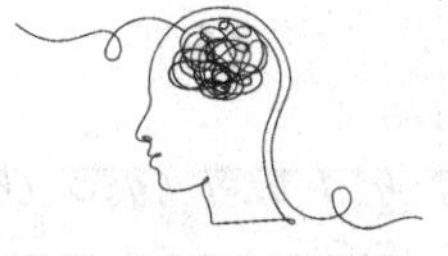

১

দুঃখকষ্টের উৎস সন্ধানে যাত্রা

“

কঠিন সময়কে দূরে চলে যেতে দেখে মানুষ কষ্ট পায়। তারা পরিচিত দুর্ভোগ ভালোবাসে, কারণ তারা অজানাকে ভয় পায়।

”

টিক নাট হান

দুঃখকষ্ট সম্পর্কে যখন আমরা কথা বলছি, আমাদের একটি গুরুত্বপূর্ণ পার্থক্যের কথা মাথায় রাখতে হবে। যখন আমি এই বইতে দুঃখকষ্টের কথা বলেছি, তখন আমি মানসিক এবং আবেগতাড়িত কষ্টের কথা বোঝাতে চেয়েছি। আপনার জীবনে যাই ঘটুক না কেন, এমন একটি উপায় আছে যা আপনাকে মনোকষ্ট পেতে দেবে না।

আমি বলছি না যে এই মানসিক কষ্ট, যার সঙ্গে আমরা প্রতিনিয়ত যুঝে যাচ্ছি, তা সবটাই আমাদের মনগড়া। প্রতিদিন মানুষের জীবনে বহু অপ্রীতিকর এবং দুর্ভাগ্যজনক ঘটনা ঘটে। আমাদের জীবনে দুঃখ যন্ত্রণা থাকতেই পারে, কিন্তু কষ্ট পাওয়াটা ঐচ্ছিক। যন্ত্রণা এড়ানো সম্ভব নয়, তবে কষ্ট করে যাপন করাটা এড়ানো সম্ভব। আমাদের জীবনের ঘটনা এবং পরিস্থিতিগুলোকে আমরা কীভাবে সামাল দেব তার উপর নির্ভর করে আমাদের ভালো থাকা বা না-থাকা।

বৌদ্ধ ধর্মাবলম্বীরা বলেন, যখনই আমাদের জীবনে কোনও নেতিবাচক ঘটনা ঘটে, দুটি তির এসে আমাদের পথ রুদ্ধ করে দেয়। শারীরিকভাবে তিরবিদ্ধ হওয়া বেদনাদায়ক। কিন্তু দ্বিতীয় যে তিরটি মানসিকভাবে আঘাত করে, তার আঘাত অনেক বেশি যন্ত্রণাদায়ক।

গৌতম বুদ্ধ ব্যাখ্যা করেছিলেন, 'জীবনে, আমরা সর্বদা প্রথম তিরকে নিয়ন্ত্রণ করতে পারি না। তবে, দ্বিতীয় তিরটি প্রথমটির প্রতি আমাদের প্রতিক্রিয়া। দ্বিতীয় তিরটি ঐচ্ছিক।'

বেশ কয়েক বছর আগে যখন আমি প্রথম বুদ্ধের এই উক্তিটি শুনেছিলাম, ভীষণ অবাক হয়েছিলাম। এর অর্থ আমার বোধগম্য হয়েছিল ঠিকই কিন্তু আমি বুঝে উঠতে পারছিলাম না যে আমি কীভাবে তা আমি আমার জীবনে প্রয়োগ করব। যদি কাউকে কষ্ট পাওয়া বা না-পাওয়া যে কোনও একটি বিকল্প বেছে নিতে বলা

হয়, আমার মনে হয় না কেউ সজ্ঞানে কষ্ট পেতে পছন্দ করবে।

আমি কীভাবে কষ্ট না-পাওয়াকে বেছে নিতে পারি? ভাবলাম ব্যাপারটা এত সহজ হলে কেউ কষ্ট পেতে চাইবে কেন? বহু বছর পরে আমি অবশেষে বুঝতে পেরেছি যে আমাদের এই দুর্ভোগের কারণ কী? এখন আমি এর উৎস থেকে এটা নির্মূল করতে সক্ষম হয়েছি।

আমার আত্ম-সমৃদ্ধির যাত্রায় আমি এমন বহু শিক্ষা, অধ্যয়ন এবং পদ্ধতির সঙ্গে পরিচিত হয়েছি যা মানুষকে তাদের সমস্যা সমাধানে সহায়তা করতে পারে। আমি কয়েক ডজন বই পড়েছি, মনস্তত্ত্ব অধ্যয়ন করেছি, থেরাপিস্টের কাছে গিয়েছি, অনেক চিন্তাশীল নেতার বক্তৃতা শুনেছি, আমার অভ্যাস পরিবর্তন করার চেষ্টা করেছি, ভোর ৪টের সময় ঘুম থেকে উঠেছি, আমার ডায়েট পরিবর্তন করেছি, আরও সংগঠিত এবং শৃঙ্খলাবদ্ধ হয়েছি, অনুশীলন করেছি, ব্যক্তিত্বের ধরন অধ্যয়ন করেছি, প্রতিদিন ধ্যান করেছি, আধ্যাত্মিক শিক্ষকদের অনুসরণ করেছি এবং বেশ কিছু প্রাচীন ধর্ম নিয়ে গবেষণা করেছি।

সম্ভবত কিছু প্রচেষ্টা করেছি মাত্র। আমি একটা উত্তর খুঁজে পেতে মরিয়া হয়ে উঠেছিলাম কারণ আমি চাইছিলাম কীভাবে আমি নিজের জীবনে দুঃখকষ্ট থেকে পরিত্রাণ পাব এবং সেই সঙ্গে অন্যদেরও এই কাজে সাহায্য করব। কিছু জিনিস আমাকে ক্রমবর্ধমান উন্নতি করতে সাহায্য করছিল ঠিকই, তবে তা আমার কষ্টকে নির্মূল করতে পারেনি। আমি প্রতিনিয়ত অত্যন্ত উদ্বিগ্ন, ভীত হয়ে পড়ছিলাম। অতৃপ্তি বিরক্তি রাগ হতাশা ঘিরে ধরেছিল আমাকে। এত কিছু করার পরেও, আমি কোনও উত্তর খুঁজে পাচ্ছিলাম না। সত্যি কথা বলতে কী, আমি এই অভিযান শুরু করার আগে যতটা বিভ্রান্ত ছিলাম, তার চেয়ে আরও বেশি বিভ্রান্ত বোধ করছিলাম।

আমি কেমন যেন উদ্দেশ্যহীন, নিরাশ এবং দিশাহীন হয়ে গিয়েছিলাম। আমি এবার কী করব, কোথায় দেখব, কার সঙ্গেই বা কথা বলব কিছুই বুঝে উঠতে পারছিলাম না। এই অন্ধকার সময়ে

পৌঁছানোর পরেই আমি একসময় আলোর দিশা খুঁজে পেয়েছিলাম।

হঠাৎ করে, কয়েক বছর ধরে অনুসন্ধানের পর, আমি আমার প্রথম পরামর্শদাতার সংস্পর্শে আসি, যিনি আমাকে শিখিয়েছিলেন কীভাবে একজন কোচ হতে হয়। আমি কীভাবে আমার কষ্ট লাঘব করতে পারি তার উত্তর তিনিই আমাকে দিয়েছিলেন।

আমাদের মন কীভাবে কাজ করে, কীভাবে আমাদের অভিজ্ঞতাগুলো গড়ে ওঠে তারই প্রচ্ছন্ন আভাস ছিল সেই উত্তরে।

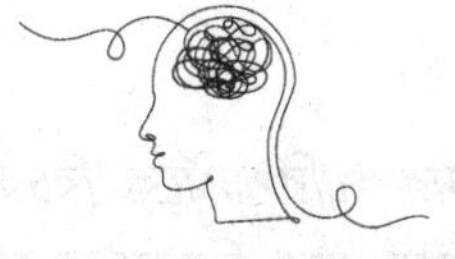

২

সমস্ত দুঃখকষ্টের মূল কারণ

“

যারা নিজেদের পারিপার্শ্বিকে বিচরণ করে তারা বুদ্ধিমান, আর যারা নিজেদের মনের গভীরে বিচরণ করে তারা জ্ঞানী।

”

মাৎসোনা ডলিওয়াহো

আমরা কল্পনার রাজ্যে বাস করি, বাস্তবে নয়। সিডনি ব্যাঙ্কস বলেন, 'কল্পনা বাস্তব নয়; তবুও কল্পনার মাধ্যমেই আমাদের বাস্তবতা তৈরি হয়।'

এই সংসারে আমরা প্রত্যেকেই আমাদের নিজের নিজের ধ্যান ধারণা নিয়ে জীবনযাপন করি, এবং তা আমাদের পাশের ব্যক্তির থেকে সম্পূর্ণ আলাদা। যেমন ধরুন, মধ্য তিরিশের নানান সংকটে ভুক্তভোগী আপনি একটি কফি শপে বসে আছেন, আপনি আপনার জীবনের সঙ্গে কী করছেন সে সম্পর্কে আপনার কোনও ধারণা নেই, আপাত দৃষ্টিতে যেখানে বাকিরা তাদের জীবনটা গুছিয়ে নিয়েছে। অন্যদিকে আপনার পাশের ব্যক্তিটি আশপাশের মানুষগুলোকে দেখতে দেখতে আনন্দের সঙ্গে কফি উপভোগ করছেন। আপনারা উভয়ই একই কফি শপে আছেন, একই কফির সুবাস পাচ্ছেন, আপনাদের চারপাশে একই অপরিচিত মানুষের উপস্থিতি, তবে আপনারা উভয়েই যে চোখে পৃথিবীটা দেখছেন তা সম্পূর্ণ আলাদা। আমরা অনেকেই একই ঘটনার সাক্ষী থাকি বা একই সময়ে একই জায়গায় থাকি, তবুও আমাদের অভিজ্ঞতাগুলো সম্পূর্ণ ভিন্ন হয়।

এখানে আরো একটি উদাহরণের কথা বলব, যা প্রমাণ করবে আমরা কল্পনার জগতে বাস করি, বাস্তবে নয়। আপনি যদি ১০০ জনকে জিজ্ঞাসা করেন তাদের কাছে অর্থের মূল্য কী? আপনার কী মনে হয়, আপনি কতগুলি উত্তর পাবেন?

অর্থের মূল্য একই। কিন্তু প্রতিটি ব্যক্তির কাছে এর প্রয়োজনীয়তা ভিন্ন। সেই প্রয়োজন কখনো সময়, স্বাধীনতা, সুযোগ, নিরাপত্তা বা মানসিক শান্তিতে মেটে, আবার কখনো মন্দ কাজ, লোভ বা অপরাধের কারণ হয়ে দাঁড়ায়। আপাতত কোনোটা সঠিক, কোনোটা

বেঠিক সে বিষয়ে আমি বিতর্কে যাব না (মন্তব্য: ঠিক বা ভুল বলে কিছু নেই, তবে আমি এ সম্পর্কে একটি ভিন্ন অধ্যায়ে কথা বলব)।

আসুন এই ধারণাটির আরেকটি উদাহরণ দেখি। আপনি যদি ১০০ জনকে নিয়ে একটা সার্ভে করেন এবং তাদের প্রত্যেককে জিজ্ঞাসা করেন যে, তারা আমাদের বর্তমান রাষ্ট্রপতি সম্পর্কে কী ধারণা পোষণ করেন, আপনি কতগুলি ভিন্ন উত্তর পাবেন বলে আপনার মনে হয়?

যদিও আমরা একই ব্যক্তির সম্পর্কে কথা বলছি, আমরা ১০০টা ভিন্ন উত্তর পাব, কারণ বেশিরভাগ মানুষ তাদের নিজস্ব চিন্তাভাবনা এবং উপলব্ধিতে বিশ্বাস করে। একটি ঘটনাকে আমরা সেই অর্থ বা সংজ্ঞা (বা চিন্তাভাবনা) রূপে প্রকাশ করি, যা আমরা শেষ পর্যন্ত অনুভব করি।

এই অর্থ বা চিন্তা হচ্ছে সেই ফিল্টার যার মাধ্যমে আমরা বিশ্বকে দেখি, যার কারণে আমরা বাস্তবতার উপলব্ধিতে বাস করি, বাস্তবতাতে নয়। **বাস্তবতা হল এমন কিছু ঘটনা, যার কোনও অর্থ, ধারণা বা ব্যাখ্যা নেই।**

আমরা প্রায়শই কোনও ঘটনাকে কোনও বিশেষ অর্থ বা ধারণা দিয়ে ব্যাখ্যা করি এবং এভাবেই বাস্তবতা সম্পর্কে আমাদের উপলব্ধি তৈরি হয়। এভাবেই আমাদের জীবনের অভিজ্ঞতাগুলো মনের গভীর থেকে উঠে আসে।

এই ঘটনাগুলো আমাদের ব্যক্তিগত জীবনের কোনও ঘটনা নয়, তবে সে সম্পর্কে আমাদের ব্যাখ্যাগুলো আমাদের ভালো বা খারাপ অনুভূতির প্রকাশ মাত্র। এ ভাবেই তৃতীয় বিশ্বের মানুষেরা প্রথম বিশ্বের মানুষের চেয়ে অনেক সুখী, এবং প্রথম বিশ্বের মানুষের তৃতীয় বিশ্বের মানুষগুলোর চেয়েও দুঃখী হতে পারে।

আমাদের আবেগ বাহ্যিক ঘটনা থেকে উদ্ভূত হয় না। সেসব ঘটনা নিয়ে আমাদের ভাবনা থেকেই উদ্ভূত হয়। তাই আমরা যা ভাবছি তা কেবল অনুভব করতে পারি।

আমাদের অনুভূতি বাহ্যিক ঘটনা থেকে আসে না, কিন্তু ঘটনা সম্পর্কে আমাদের নিজস্ব চিন্তাভাবনা থেকে আসে। অতএব, আমরা যা ভাবছি তা কেবল অনুভব করতে পারি।

ধরা যাক, আপনি আপনার পেশাকে ঘৃণা করেন কারণ আপনার কাজ আপনাকে প্রচুর পরিমাণে চাপ, উদ্বেগ এবং হতাশা ছাড়া আর কিছুই দিতে পারে না। আপনি যে বিল্ডিংয়ে কাজ করেন সেই বিল্ডিংয়ে পা রাখতেও আপনার দম বন্ধ হয়ে আসে, আপনার কাজের কথা ভাবলেই আপনি রেগে ওঠেন। হয়তো আপনার পরিবারের সঙ্গে বসে সময় কাটাচ্ছেন, একই সোফায় বসে একসঙ্গে কোনও টিভি শো দেখছেন, কিন্তু আপনার মাথায় ঘুরছে কাজের কথা, আর আপনি তাতে উক্ত্যক্ত হয়ে উঠছেন। আপনি ছাড়া আপনার পরিবারের সবাই কিন্তু ভালো সময় কাটাচ্ছে।

এক্ষেত্রে ঘটনা একই, কিন্তু আপনার পরিবারের বাকি সদস্যরা এক ভিন্ন জীবনের স্বাদ পাচ্ছেন। সরাসরি কর্মস্থলে উপস্থিত না থেকেও সবসময় শুধু কাজের চিন্তা করা বাস্তব সম্পর্কে সম্পূর্ণ ভিন্ন উপলব্ধি তৈরি করে।

যদি বাহ্যিক ঘটনাগুলির ক্ষেত্রেও আমরা তেমন অনুভব করি যেমন আমাদের মনের গভীরে অনুভব হয়, তাহলে আপনি যখন আপনার পরিবারের সঙ্গে আপনার বসার ঘরে কোনও মজার টিভি শো দেখবেন তখন আপনি অনাবিল সুখের স্বাদ পাবেন, কিন্তু আদতে তা ঘটে না।

এখন, আপনি বলতে পারেন যে, আপনার এই অনুভূতির একমাত্র কারণ একটি বাহ্যিক ঘটনা, অর্থাৎ আপনার কাজ, যা আপনার ওপর চাপ সৃষ্টি করে এবং উদ্বিগ্ন করে তোলে। এক্ষেত্রে আমি একটাই প্রশ্ন করব, সত্যিই কি প্রত্যেকটা মানুষ তাদের পেশার ক্ষেত্রে এমনটাই অনুভব করেন?

দু'জন আলাদা আলাদা ব্যাক্তির একই পেশায় থেকে সম্পূর্ণ ভিন্ন অভিজ্ঞতা হতে পারে। কারো জন্য এটা সবচেয়ে আশ্চর্যজনক

অভিজ্ঞতা এবং স্বপ্নের কাজ হতে পারে, আবার অন্য ব্যক্তির কাছে তা দুঃস্বপ্ন বা নরক যন্ত্রণা হতে পারে। এই দুই ব্যক্তির মধ্যে পার্থক্য হল যে, তারা তাদের কাজ সম্পর্কে ভিন্ন ভিন্ন ধারণা পোষণ করেন, যা নির্ধারণ করে তারা শেষ পর্যন্ত এটি সম্পর্কে কী অনুভব করেন।

আসুন আপনার পেশাকে ঘৃণা করার প্রাথমিক দৃশ্যে ফিরে যাই। মনে রাখবেন আপনি যখন আপনার কাজ নিয়ে চিন্তা করেন তখন আপনি কতটা চাপ, উদ্বেগ এবং হতাশা অনুভব করেন?

আসুন নীচের প্রশ্নের উত্তর দিয়ে একটি দ্রুত পরীক্ষা করা যাক

আপনি যদি আপনার কাজকে ঘৃণা না করতেন তবে আপনি কেমন মানুষ হতেন?

কী প্রতিক্রিয়া আসে তা দেখার জন্য এক মিনিট অপেক্ষা করুন।

আপনি যদি এটা নিয়ে খুব বেশি চিন্তা না করেন এবং নিজের মন থেকে উত্তরটি পেতে চান, তাহলে কোনও চিন্তা ছাড়াই আপনি সুখী, শান্ত, মুক্ত এবং হালকা বোধ করবেন।

একটি নির্দিষ্ট ঘটনা বা বস্তু সম্পর্কে আমাদের সাধারণ বোধবুদ্ধি ছাড়াই, সে সম্পর্কে আমাদের অভিজ্ঞতা সম্পূর্ণরূপে পরিবর্তিত হয়। এই কারণেই আমরা ভাবনার জগতে বাস করি, বাস্তবে নয়, এবং আমাদের মনের গভীরের চিন্তাভাবনারাই আমাদের বাস্তবতার উপলব্ধি নির্ধারণ করে। আশা করি, এই নতুন উপলব্ধির মাধ্যমে আপনি সমস্ত মনস্তাত্ত্বিক যন্ত্রণার কারণ উদ্‌ঘাটন করতে সক্ষম হয়েছেন...

চিন্তাই আমাদের কষ্টের মূল কারণ।

এখন আপনি এই বইটা ছুড়ে ফেলে দেওয়ার আগে বা পুড়িয়ে ফেলার আগে, আমি বলছি না যে এই সমস্ত কিছু আমাদের মস্তিষ্কপ্রসূত এবং বাস্তবে তার কোনও আধার নেই। বাস্তবতা সম্পর্কে আমাদের উপলব্ধি খুবই স্বচ্ছ। আমাদের ভাবনাগুলোকে আমরা অনুভব করি এবং আমাদের অনুভূতিগুলি বাস্তব। এ কথা অনস্বীকার্য। যাই হোক, আমাদের চিন্তাভাবনা আমাদের কাছে অনিবার্য অপরিবর্তনীয় সত্য বলে মনে হবে, যতক্ষণ না আমরা দেখি যে আমাদের বাস্তবতা কীভাবে

উদ্ভূত হয়। যদি আমাদের উপলব্ধি হয় যে, আমরা যা ভাবছি সেটাই কেবল অনুভব করতে পারি, তবে আমরা আমাদের চিন্তাভাবনা পরিবর্তন করে আমাদের অনুভূতি পরিবর্তন করতে পারি। অর্থাৎ, আমাদের জীবনের অভিজ্ঞতাগুলি শেষ পর্যন্ত আমাদের চিন্তা থেকে উদ্ভূত হয়। এবং যদি তা সত্য হয়, তাহলে আমরা আমাদের সমগ্র জীবনে যেকোনও মুহূর্তে ভিন্ন কিছু অনুভব করা এবং রূপান্তরিত করা থেকে কয়েক হাত দূরত্বে অবস্থান করছি চিন্তাবিহীন অবস্থার মাধ্যমে।

সংক্ষেপে বলতে গেলে, যে মুহূর্তে আমরা চিন্তা করা বন্ধ করব, তখন থেকে আমাদের সুখের সময় শুরু হবে।

এক তরুণ সন্ন্যাসী ও একটি খালি নৌকা

(আমাদের চিন্তাভাবনারাই আমাদের দুঃখ কষ্টের জন্য দায়ী—একটি জেন কাহিনী)

বহুকাল আগে ঘন জঙ্গলের মধ্যে অবস্থিত একটি মঠে এক যুবক সন্ন্যাসী বাস করত। সেই মঠের কাছেই ছিল একটি ছোট হ্রদ। কয়েকজন প্রবীণ সন্ন্যাসীর তত্ত্বাবধানে মঠের সমস্ত কার্যকলাপ চলত, বাকিরা ছিল নবাগত এবং এই প্রবীণ সন্ন্যাসীদের কাছ থেকেই তারা শিক্ষা গ্রহণ করত। সন্ন্যাসীদের মঠে অনেক বাধ্যবাধকতা ছিল, তবে তাদের দৈনন্দিন কাজের মধ্যে সবচেয়ে গুরুত্বপূর্ণ কাজ ছিল এক জায়গায় বসে চোখ বন্ধ করে ঘণ্টার পর ঘণ্টা নীরবে ধ্যান করে যাওয়া। প্রত্যেকবার ধ্যানের পর, গুরুর কাছে তাদের মানসিক উন্নতির রিপোর্ট পেশ করতে হতো। একজন যুবক সন্ন্যাসীর বিভিন্ন কারণে ধ্যান অনুশীলনের সময় মনোনিবেশ করতে সমস্যা দেখা দিচ্ছিল, যা তাকে অস্থির করে তুলেছিল। সেই তরুণ সন্ন্যাসী গুরুকে তার এই মানসিক স্থিতির কথা জানায়। প্রবীণ সন্ন্যাসী যুবক সন্ন্যাসীকে একটি সহজ প্রশ্ন জিজ্ঞাসা করেছিলেন, যার একটি অন্তর্নিহিত অর্থ ছিল।

'তুমি কি তোমার ক্রোধের প্রকৃত কারণ জানো?' তরুণ সন্ন্যাসী বলে, 'আমি যখনই ধ্যান করার জন্য চোখ বন্ধ করি, তখন কারা যেন আমার আশেপাশে ঘুরে বেড়ায়, এবং আমি কিছুতেই ধ্যানে মনোযোগ দিতে পারি না। আমি উত্তেজিত হয়ে পড়ি, কারণ কারা যেন আমাকে অনবরত বিরক্ত করতে থাকে, তারা কিন্তু জানে যে আমি ধ্যান করছি। তারা এমন কেন করে? যখন আমি আবার চোখ বন্ধ করে মনোযোগী হওয়ার চেষ্টা করি একটা বিড়াল বা কোনও এক নগণ্য প্রাণী আমাকে আবার আগের মতো বিরক্ত করতে শুরু করে। আর আমার ক্রোধ আরো বেড়ে যায়। এটা যথেষ্ট নয়, পাখিদের কিচিরমিচির... উফ্! এখানে এক মুহূর্তের জন্য শান্তি পাই না আমি।'

প্রবীণ সন্ন্যাসী তার শিষ্যকে বলেন, 'আমি লক্ষ্য করছি প্রত্যেকবার যখনই তুমি ধ্যানের সময় বাধার সম্মুখীন হচ্ছ, তখনই তুমি ক্রুদ্ধ হয়ে উঠছ, যা সম্পূর্ণরূপে তোমার কাজের পরিপন্থী। তুমি একটা উপায় সন্ধান করো, যাতে তুমি ধ্যানের সময় সে মানুষ হোক, পশুপাখি হোক বা অন্য যেকনও বিষয় হোক, আশপাশের কোনও কিছুর দ্বারা বিরক্ত হবে না।'

পরামর্শ অনুযায়ী তরুণ সন্ন্যাসী সংঘের চারপাশে ধ্যানের উপযুক্ত অপেক্ষাকৃত একটি নির্জন জায়গা খুঁজতে শুরু করল। খুঁজতে খুঁজতে হ্রদের কাছাকাছি সে তেমন একটা জায়গা পেয়েও গেল। সে তার আসন নিয়ে এসে ধ্যানে বসে পড়ল। কিন্তু হঠাৎই একঝাঁক পাখি এসে হ্রদের জলে জলকেলি করতে শুরু করল। পাখিদের কিচিরমিচির শুনে তরুণ সন্ন্যাসীটি চোখ খুলতে বাধ্য হল।

সংঘের পরিবেশের চেয়ে লেকের ধারের এই অংশটা তুলনামূলক অনেক শান্ত, তবুও এখানে এসে সন্ন্যাসীর মানসিক শান্তি বিনষ্ট হল এবং আবার সে ক্রোধান্বিত হয়ে পড়ল। সে তার কাঙ্খিত শান্তি খুঁজে পাচ্ছিল না ঠিকই তবু বারবার সে হ্রদের ধারে ফিরে যাচ্ছিল। একদিন তরুণ সন্ন্যাসী ছোট্ট ঘাটের একপ্রান্তে একটা নৌকা দেখতে পেল। নৌকাটা ঘাটে বাঁধা ছিল। সেই মুহূর্তে তার মাথায় একটা বুদ্ধি খেলে

গেল— 'আমি কেন এই নৌকাটাকে হ্রদের একেবারে মাঝ বরাবর নিয়ে গিয়ে সেখানেই ধ্যানস্থ হচ্ছি না? সেখানে তো কেউ আমাকে বিরক্ত করার মতো থাকবে না! সে নৌকা বেয়ে হ্রদের মাঝ বরাবর পৌঁছে সেখানেই ধ্যানস্থ হল।

যেমনটা সে আশা করেছিল, এখানে তাকে বিরক্ত করার মতো কেউ ছিল না এবং সে সারাদিন নির্বিঘ্নে ধ্যান করতে সক্ষম হল। দিনের শেষে সে সংঘে ফিরে এল। দুদিন এমনভাবে কেটে গেল এবং তরুণ সন্ন্যাসী এই ভেবে রোমাঞ্চিত হচ্ছিল যে সে অবশেষে ধ্যান করার একটা উপযুক্ত জায়গা খুঁজে পেয়েছে। এই দুদিন সে একবারের জন্যও ক্রোধান্বিত হয়নি এবং শান্তিপূর্ণভাবে ধ্যান অনুশীলন করে গেছে।

তৃতীয় দিনে, সন্ন্যাসী নৌকা বেয়ে হ্রদের মাঝ বরাবর পৌঁছে আবার ধ্যানে বসে পড়ল। কিছুক্ষণের মধ্যে, তার কানে জলের মৃদু শব্দ ভেসে এল এবং তার মনে হল যেন নৌকাটা সামান্য দুলছে। তার মধ্যে আবার বিরক্তি ভাব ফিরে এল। সে ভেবে অবাক হল, এই জলাশয়ের মাঝেও তাকে বিরক্ত করার মতো উপাদান উপস্থিত।

সে চোখ খুলতেই দেখল আরেকটা নৌকা তার নৌকাকে লক্ষ্য করে এগিয়ে আসছে। সে চিৎকার করে বলল, 'তোমার নৌকাটাকে নিরাপদ দূরত্বে সরিয়ে নাও, তা না হলে তুমি আমার নৌকায় এসে আঘাত করবে।' কিন্তু তার সামনের নৌকাটা আগের মতোই তার দিকে এগিয়ে আসতে থাকে এবং তার থেকে মাত্র কয়েক ফুট দূরত্বের মধ্যে চলে আসে। সে আবার চিৎকার করল, কিন্তু কোনও ফল হল না, এবং নৌকাটা এসে যথারীতি সন্ন্যাসীর নৌকায় ধাক্কা মারল। এবার রাগে তার মুখ লাল হয়ে উঠল। সে তারস্বরে চিৎকার করে বলল, 'কে তুমি, আর এই এত বড় হ্রদের মাঝখানে এসে আমার নৌকায় ধাক্কা মারলে কেন?' কোনও উত্তর এল না। বলা বাহুল্য, তরুণ সন্ন্যাসীটি ক্রোধে উন্মাদ হয়ে উঠল।

সামনের নৌকার চালককে দেখার উদ্দেশে সে উঠে দাঁড়াল। কিন্তু

সে হতভম্ব হয়ে দাঁড়িয়ে রইল, কারণ সেই নৌকায় সে কাউকেই দেখতে পেল না।

নৌকাটি সম্ভবত হাওয়ায় ভেসে এসে সন্ন্যাসীর নৌকায় ধাক্কা খেয়েছিল। সন্ন্যাসী বুঝতে পারছিল যে, ধীরে ধীরে তার রাগ প্রশমিত হচ্ছে। ওটা একটা খালি নৌকা ছিল! কার ওপর রাগ করবে সে?

সেই মুহূর্তে তার গুরুর প্রশ্নটা স্মরণে এল— 'তুমি কি তোমার ক্রোধের প্রকৃত কারণ জানো?' এবং তারপরে তার উপলব্ধি হল 'কোনও মানুষ, পরিবেশ বা পরিস্থিতি নয়; কোনও খালি নৌকাও নয়, এই সব কিছুর প্রতি আমার প্রতিক্রিয়াই আমার ক্রোধের সৃষ্টি করে। মানুষ বা পরিস্থিতি যা কিছু আমার বিরক্তি বা ক্রোধের কারণ তারা সবই এই খালি নৌকার মতো। আমার প্রতিক্রিয়া ছাড়া আমাকে বিরক্ত করার ক্ষমতা তাদের নেই।'

সন্ন্যাসী নৌকা বেয়ে আবার তীরে ফিরে আসে। সংঘে পৌঁছে অন্যান্য ভিক্ষুদের সঙ্গে ধ্যানে যোগ দেয়। সংঘের পরিবেশে তখনও গোলমাল এবং গোলযোগ চলছিল, কিন্তু সন্ন্যাসী তাদের 'খালি নৌকা' হিসাবে বিবেচনা করল এবং শান্তিপূর্ণভাবে ধ্যান করতে থাকল। প্রবীণ সন্ন্যাসী যখন তার শিষ্যের মধ্যে এই পার্থক্য লক্ষ করলেন, তখন তিনি তরুণ সন্ন্যাসীকে বললেন, 'আমি দেখতে পাচ্ছি যে তুমি সত্যিই তোমার রাগের কারণ খুঁজে পেয়েছ এবং তা কাটিয়ে উঠেছ।'

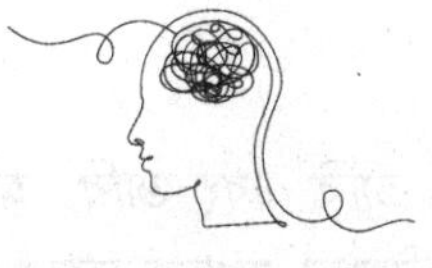

৩

আমরা কেনই বা চিন্তা করি?

“

আমি ভাবি, ভাবি এবং ভাবি, আমি লক্ষ বার চিন্তা করে নিজের সুখকে তাড়া করেছি, কিন্তু একবারের জন্যও আমি ভিতর থেকে সুখ অনুভব করিনি।

”

জোনাথন সাফরান ফোয়ার

আমরা যুক্তি, চিন্তা এবং বিশ্লেষণ করার পরিশীলিত ক্ষমতা অর্জনের জন্য বিবর্তিত হয়েছি কারণ এটি আমাদের জীবন বিকাশে সহায়তা করে। আমাদের মস্তিষ্ক কেবল আমাদের জীবিত রাখে, কিন্তু তা আমাদের সার্বিক উন্নতিতে কোনওরকম সাহায্য করে না। এটি শুধুমাত্র আমাদের নিরাপত্তা এবং বেঁচে থাকার সঙ্গে সম্পর্কিত। আমাদের সন্তুষ্টি বা সুখের বিষয় বিবেচনা করে না।

মস্তিষ্কের কাজ হল আমাদের পরিবেশের সম্ভাব্য বিপদ সম্পর্কে সতর্ক করা, যা আমাদের জীবনকে ঝুঁকিপূর্ণ করে তুলতে পারে। আমাদের মস্তিষ্ক দক্ষতার সঙ্গে তার কার্য সম্পাদন করে। কেবল আমাদের আশেপাশের পরিবেশের পুঙ্খানুপুঙ্খ বিশ্লেষণ নয়, আমাদের পূর্ব অভিজ্ঞতা এবং স্মৃতির উপর ভিত্তি করে অনুমানমূলক পরিস্থিতিরও পূর্বাভাস দেয়।

এতে দোষের কিছু নেই। মস্তিষ্ক ঠিক সেই কাজটাই করে, যার জন্য তাকে গঠন করা হয়েছে। মস্তিষ্কের একমাত্র দায়িত্ব হল আমাদের জীবিত রাখা—যখন আমরা এই সত্য কথাটা বুঝে উঠতে পারি না তখন আমরা হতাশ হয়ে পড়ি, অসহিষ্ণু হয়ে পড়ি। এই সমস্ত দ্বন্দ্ব একটি সামান্য ভুল বোঝাবুঝি থেকে উদ্ভূত হয়। আমাদের মস্তিষ্ক আমাদের বাঁচিয়ে রাখে। আমাদের চেতনা আমাদের সন্তুষ্টি এনে দেয়। আপনার আত্মার কারণেই নিজের জন্য শান্তি, ভালোবাসা এবং আনন্দ অন্বেষণের এই যাত্রায় আপনি অগ্রভাগে রয়েছেন।

আপনার মস্তিষ্ক সেই বিস্ময়কর কাজটি করেছে যার জন্য তাকে গঠন করা হয়েছিল, কিন্তু এখন আপনি সেই কাজের ভার কিছুটা লাঘব করতে পারেন, কারণ আমরা আর জঙ্গলে বাস করি না, যেখানে ঝোপের আড়ালে মৃত্যু ওঁত পেতে থাকে। আমরা যদি

আমাদের মস্তিষ্কের ব্যবহার অব্যাহত রাখি, তাহলে আমরা ক্রমাগত এমন এক মানসিক স্থিতিতে অবস্থান করব, যেখানে উদ্বেগ, দুশ্চিন্তা, ভয়, হতাশা, বিষণ্ণতা, রাগ, ঘৃণা এবং সমস্ত নেতিবাচক আবেগের সৃষ্টি হবে। কারণ আমাদের মস্তিষ্ক মনে করে এই সবকিছুই আমাদের অস্তিত্বের জন্য ঝুঁকিপূর্ণ। আপনি যদি মুক্ত হতে চান, সুখী হতে চান, শান্তি এবং ভালোবাসায় পূর্ণ হতে চান তবে আপনি আপনার মস্তিষ্কের কথা শোনা বন্ধ করুন। আপনাকে এই সূকিছুর ঊর্ধ্বে গিয়ে আরও বড় কিছু শুনতে হবে যা আপনাকে কেবল বাঁচতে নয়, উন্নতিসাধনে সাহায্য করবে।

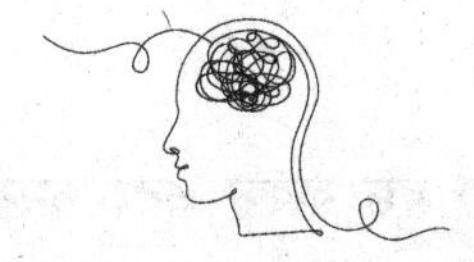

৪

ভাবনা বনাম চিন্তা

“

চিন্তা করা বন্ধ করুন এবং সমস্যা থেকে দূরে থাকুন।

”

লাও জু

ভাবনা হল এমন একটি কাঁচামাল যা থেকে আমরা বিশ্বের সবকিছু তৈরি করতে পারি। ভাবনা ব্যাতীত আমাদের অভিজ্ঞতায় কিছুই ধরা যায় না। জেনে রাখা প্রয়োজন যে, ভাবনা একটি বিশেষ্য, আমাদের আলাদা করে ভাবতে হয় না। তা আমাদের মধ্যেই বিদ্যমান। কোনও কিছু ভাবতে আমাদের কোনও প্রচেষ্টাই করতে হয় না, কোনও শক্তিও ব্যবহার করতে হয় না এবং এটা এমন একটা বিষয় যা স্বয়ংক্রিয়ভাবে ঘটে যায়। আমাদের মনের ভাবনাগুলোকে আমরা কোনওভাবেই নিয়ন্ত্রণ করতে পারি না। এই ভাবনার স্রোত এমন কোনও জায়গা থেকে আসে যা আমাদের মস্তিষ্কের ঊর্ধ্বে, আপনি চাইলে তাকে সৃষ্টি বলতে পারেন।

অন্যদিকে চিন্তা হল আমাদের নিজস্ব ধারণা সম্পর্কে ভাবনার প্রক্রিয়া। এতে প্রচুর পরিমাণে সক্রিয়তা, প্রচেষ্টা এবং ইচ্ছাশক্তি লাগে (যা একটি সীমিত সম্পদ)। চিন্তারা মস্তিষ্কের ধারণাগুলির সঙ্গে সক্রিয়ভাবে জড়িত। মস্তিষ্কের প্রতিটি ধারণার সঙ্গে একাত্ম হওয়ার প্রয়োজন নেই। তবে আপনি যখন সেগুলোর সঙ্গে একাত্ম হয়ে যাবেন, আপনি গভীর চিন্তার রাজ্যে বিচরণ করবেন।

আমাদের সমস্ত মানসিক সমস্যার মূল কারণ হল এই চিন্তা।

এখন আপনি হয়তো ভাবছেন, এখানে ইতিবাচক ভাবনার জায়গা কোথায়? ইতিবাচক ভাবনা আমাদের চিন্তার ফল নয়। পরিবর্তে তারা আমাদের শান্তি, ভালোবাসা এবং সুখের প্রাকৃতিক অবস্থা থেকে উদ্ভূত হয়। তারা আমাদের অস্তিত্ব থেকে উপজাত, চিন্তা থেকে নয়। আমরা পরবর্তী অধ্যায়ে এই সম্পর্কে বিস্তারিত আলোচনা করব।

আপাতত, একটি দ্রুত পরীক্ষা করা যাক।

আমি আপনাকে একটি প্রশ্ন করব এবং আপনাকে যা করতে

হবে তা হল, আপনি কী অনুভব করছেন সে সম্পর্কে সচেতন হওয়া, এবং তারপরে কী ঘটছে তা নিয়ে আমরা পর্যালোচনা করব।

আপনি এক বছরে কত টাকা উপার্জন করতে চান?

একটু থামুন এবং উত্তরের জন্য অপেক্ষা করুন।

আপনি এক বছরে কত টাকা উপার্জন করতে চান তার উত্তর সম্পর্কে ভাবতে নিজেকে ৩০-৬০ সেকেন্ড সময় দিন।

কত টাকা আয় করতে চান সে সম্পর্কে ধারণা না পাওয়া পর্যন্ত পরবর্তী ধাপে যাবেন না।

এখন সেই পরিমাণকে ৫ দিয়ে গুণ করুন।

আপনার আয়কে পাঁচ গুণ করার এই নতুন লক্ষ্য সম্পর্কে আপনার কী মতামত?

আরও ৩০-৬০ সেকেন্ড সময় নিন, ভালো করে লক্ষ্য করুন, আপনি যখন এই বিষয়টা নিয়ে ভাবছেন তখন আপনার কেমন অনুভূতি হচ্ছে এবং আপনার আবেগের সঙ্গে আর কী কী ধরনের চিন্তাভাবনা আপনার মনে ভিড় করে আসছে।

উপরোক্ত কাজগুলো না করা পর্যন্ত এগোবেন না।

আসুন, আবার গোড়ায় ফিরে যাওয়া যাক এবং ঘটনার পর্যালোচনা করা যাক। আমি যখন প্রথম প্রশ্নটি করেছিলাম, এক বছরে আপনার স্বপ্নের আয় কত হবে? কিছুক্ষণের মধ্যেই আপনার মাথায় একটি উত্তর এসেছিল। লক্ষ্য করুন, কত দ্রুত এবং কত অনায়াসে এই উত্তর আপনার মনে উপস্থিত হয়েছিল।

যখন আপনার মনে উত্তরটা উঠে এল, আমি আপনাকে সেটা নিয়ে ভাবনাচিন্তা করতে বলেছিলাম। ভাবনাচিন্তার পর আপনার উত্তরটা কী দাঁড়ালো?

আপনি যদি আর পাঁচটা লোকের মতো হন, তবে এই সময় আপনার মনে হয়তো এক দোদুল্যমান পরিস্থিতির সৃষ্টি হয়েছিল।

আপনি হয়তো ভাবতে পারেন এত উপার্জন করার কোনও সম্ভবনা নেই আপনার মধ্যে, আপনার পরিবারের কেউই এত টাকা

উপার্জন করে না, আপনি তো জানেন না কীভাবে এতটা উপার্জন করতে হয়, এতগুলো টাকা চাওয়া বোকামি, বা হয়তো এটা আপনাকে লোভী করে তুলবে।

আপনি যখন এই কথাগুলো ভাবছিলেন তখন আপনার কেমন অনুভূতি হচ্ছিল?

সম্ভবত এটা আপনার খুব একটা ভালো লাগেনি, কিন্তু আপনি মেনে নিয়েছেন। আমি এবারে আপনাকে দেখাব যে, আপনি এটা নিয়ে কত তাড়াতাড়ি এগোতে পারেন।

এটা চিন্তা বনাম ভাবনার একটি প্রকৃষ্ট উদাহরণ।

আমি যদি আপনাকে কোনও প্রশ্ন করি, আপনার মনে নিশ্চিত কোনও ভবনার উদয় হবেই।

ভাবনারা কখনওই মন্দ নয়। মনে রাখবেন, এ হল আমাদের মনের এমন এক উৎকৃষ্ট কাঁচামাল যা থেকে আমরা নানান সৃষ্টিতে পারদর্শী হয়ে উঠি।

যে মুহূর্তে আমরা আমাদের মনের ভাবনাগুলো নিয়ে চিন্তা করতে থাকি, আমরা আবেগের দোদুল্যমানতায় ভুগি। এই প্রক্রিয়া চলাকালীন আমরা মনে মনেই আমাদের ধ্যানধারণার সমালোচনা এবং মূল্যায়ন করতে শুরু করি। এবং সমস্তরকম অভ্যন্তরীণ মানসিক অশান্তি ভোগ করি।

যখন আমি আপনাকে জিগ্যেস করেছিলাম আপনি কত উপার্জন করতে চান, আপনার মনে নিশ্চয়ই সেই অঙ্কের পরিমাণ ধরা দিয়েছিল। সেই ধারণাটা ছিল নিরপেক্ষ, এবং এতে কোনও মানসিক শ্রম ছিল না। বরং এই ভাবনা আপনার মধ্যে উত্তেজনার সৃষ্টি করে থাকতে পারে।

আপনি যখনই ভাবতে শুরু করেছেন, আপনি হয়তো নিজের প্রতি অবিশ্বাস, অপ্রতুলতা, উদ্বেগ, রাগ, অপরাধবোধ ইত্যাদি নানান প্রতিকূল আবেগের বশবর্তী হয়েছেন।

এসব বলে আমি একটাই কথা বোঝাতে চাইছি, যে আমাদের

সমস্ত দুঃখ-কষ্টের মূলে আছে ভাবনারা। আপনি কতটা উপার্জন করতে চান তার প্রাথমিক ধারণা আপনাকে বিরক্ত করেনি। আপনি যখন সেটা নিয়ে চিন্তাভাবনা করা শুরু করেছিলেন তখনি আপনি কষ্ট পেয়েছিলেন।

আমাদের চিন্তাভাবনা সম্পর্কে সমালোচনা বা মূল্যায়নের প্রয়োজন নেই। এতে কোনওদিক থেকেই আমাদের উপকার হয় না। আমরা মনে করি, ভাবনাচিন্তা করে এগোলে তাতে আমাদের পথ সুগম হয়। কিন্তু এর ফলে আমরা অনেক নেতিবাচক, অবাঞ্ছিত আবেগের বশবর্তী হয়ে পড়ি এবং নিজেদের মধ্যেই দ্বন্দ্ব সৃষ্টি করি কেন আমরা এটা করতে পারি না বা কেন আমাদের ওটা করা উচিত নয়।

একমাত্র যে জিনিসটা দরকারী এবং প্রয়োজনীয় ছিল তা হল প্রাথমিক ধারণা যেটা আমি আপনাকে প্রশ্ন করার সঙ্গে সঙ্গে আপনার মাথায় এসেছিল। পরবর্তীতে আর যা যা চিন্তা আপনার মনে ভিড় করে এসেছিল তা সবই ছিল ধ্বংসাত্মক ও ক্ষতিকর।

ভাবনা সৃষ্টি করে। চিন্তা ধ্বংস করে।

চিন্তা করার একটা ধ্বংসাত্মক দিক আছে কারণ আমরা যখনই আমাদের ভাবনা বা ধারণাগুলো সম্পর্কে ভাবতে শুরু করি, আমাদের নিজস্ব সীমিত বিশ্বাস, বিচার-বিবেচনা, মূল্যায়ন সমালোচনার গণ্ডিতে আটকে পড়ি। কেন আমরা এটা করতে পারি না, কেন আমরা এটা পেতে পারি না এ নিয়ে আমরা আকাশকুসুম চিন্তা করতে শুরু করি।

আমরা যদি মনে করি, আমরা সমস্ত নেতিবাচক কর্মসূচি এবং সমালোচনা এড়াতে পারি। এইভাবে আমরা সেই প্রাথমিক ধারণাটিকে অন্যান্য চিন্তার ভিড়ে মিশে যাওয়া থেকে আটকাতে পারি।

যদি আমি আপনাকে জিগ্যেস করি কোন কোন পথে আপনি আপনার কাঙ্খিত অর্থ উপার্জন করতে চান, আপনি যদি সেকথা শোনার

পর কোনও চিন্তাভাবনা না করে দীর্ঘ সময় অতিবাহিত করেন, তবুও আপনার মনে কিছু স্বতঃস্ফূর্ত ধারণা আসবে।

এগুলিই হল সৃষ্টিশীল ভাবনা। এই ভাবনাগুলি মূলত অসীম, মহার্ঘ্য, শক্তিশালী এবং ইতিবাচক। আপনি যখন ইতিবাচক আবেগ অনুভব করেন, হালকা এবং প্রাণবন্ত বোধ করেন তখন আপনি জানবেন যে, আপনি ঐশ্বরিক চিন্তাভাবনা করছেন।

আপনি যখন আপনার কাঙ্খিত অর্থ উপার্জনের উপায় নিয়ে ভাবতে শুরু করেন, অবিলম্বে আপনার মনে অপ্রতিরোধ্য, সীমাবদ্ধ, সংকুচিত এবং নেতিবাচক আবেগের আধিক্য ঘটে। এই অভিজ্ঞতা থেকে বুঝতে হবে আপনি চিন্তা করছেন।

আমি আমার অনুভূতিগুলিকে একটি অভ্যন্তরীণ রাডার হিসাবে ব্যবহার করি, যা আমাকে বলে যে, আমি সরাসরি মহাবিশ্ব থেকে ধারণাগুলোকে ডাউনলোড করছি কিনা বা আমি আমার নিজের মনেই তা নিয়ে কাজ করছি কিনা।

আপনি যা ভাবছেন তা আপনি কেবল অনুভব করতে পারেন। আমাদের অনুভূতি এবং আবেগগুলি অন্তর্দৃষ্টির একটি অভ্যন্তরীণ ড্যাশবোর্ডের মতো, যা আমাদের বলে দেয় যে, আমরা কোনও বিষয় নিয়ে খুব বেশি চিন্তা করছি কিনা।

যদি আমার মনে নেতিবাচক আবেগের আধিক্য ঘটে, আমি বুঝতে পারি আমি অতিরিক্ত চিন্তা করছি। আমরা স্বাভাবিকভাবে সাফল্যের জন্য কীভাবে তৈরি হয়েছি এটি তার আরেকটি উদাহরণ।

নীচে একটি তালিকা দেওয়া হল যা ভাবনা বনাম চিন্তার কাজকে তুলনা করে। আপনার মস্তিষ্কের ভিতরে দুটির মধ্যে কোনটি চলছে, তা সনাক্ত করতে আপনাকে সাহায্য করবে—

ভাবনা বনাম চিন্তা

বিশেষত্ব	ভাবনা	চিন্তা
উৎস	সৃষ্টি	অহম
ওজন	হাল্কা	ভারী
শক্তি	বিস্তৃত	সীমাবদ্ধ
প্রকৃতি	অসীম	সীমিত
গুণ	সৃজনশীল	ধ্বংসাত্মক
আধান	ধনাত্মক	ঋণাত্মক
সারমর্ম	ঐশ্বরিক	নশ্বর
অনুভূতি	প্রাণবন্ত	পীড়াযুক্ত
আবেগ	ভালোবাসা	ভয়
বিশ্বাস	সীমাহীন সম্ভাবনা	সীমাবদ্ধতা
উপলব্ধি	পরিপূর্ণতা	পৃথকীকরণ
প্রয়াস	অনায়াস	শ্রমসাধ্য

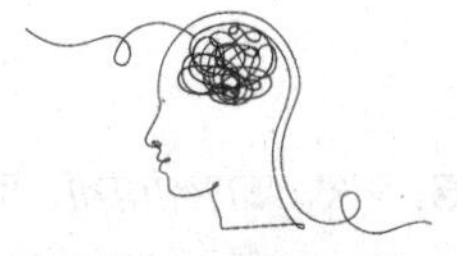

৫

আমরা যা ভাবছি তা যদি অনুভব করতে চাই তবে কি আমাদের সর্বদা ইতিবাচক চিন্তাভাবনা করা উচিত নয়?

“

আমরা শান্তি, সুখ, ভালোবাসা, আনন্দ থেকে শুধুমাত্র একটি পদক্ষেপ দূরে

”

ডিকেন ব্যাটিংগার

একটি বিষয় যা আমি এখনো বলে উঠতে পারিনি সেটা হল, আমরা শুধুমাত্র সেই জিনিসগুলোই অনুভব করতে পারি যা আমরা ভাবি। এককথায় আমরা যখন চিন্তা করি তখন শুধুমাত্র নেতিবাচক অনুভূতিগুলোই আমাদের মধ্যে আসে।

আমাদের লক্ষ্য কখনোই নেতিবাচক চিন্তাভাবনা থেকে সম্পূর্ণভাবে নিস্তার পাওয়া নয়। নেতিবাচক অনুভূতি মাঝেমধ্যে আমাদেরকে সাহায্য করতে পারে, যেমন যখন আমরা কোনও অন্ধকার রাস্তা দিয়ে হাঁটার কথা ভাবি, তখন নেতিবাচক অনুভূতি আমাদেরকে সেই পথে যাওয়ার থেকে আটকাতে পারে।

তবে এই নেতিবাচক অনুভূতিগুলো শুধুমাত্র আমাদের বেঁচে থাকার জন্য দরকার। কিন্তু আমরা যদি বারংবার মরণ-বাচন পরিস্থিতিতে না পড়ে থাকি তবে নেতিবাচক অনুভূতিগুলো কখনোই কাজে আসে না।

এখানে আমাদের আলোচনার বিষয় শারীরিক উদবর্তন নয়। এখানে বোঝা দরকার, নেতিবাচক অনুভূতি কখনোই গুরুত্বপূর্ণ অনুভূতি হিসাবে বিবেচ্য হতে পারে না।

যখন আমি বলছি, আমরা তা-ই অনুভব করি যা আমরা ভাবছি, বেশিরভাগ মানুষেরই ধারণা হবে, ইতিবাচক অনুভূতি পাওয়ার জন্য আমাদেরকে ইতিবাচক ভাবনা-চিন্তাকে প্রশ্রয় দিতে হবে।

এই বিষয়টার সত্যতা বিচারের আগে একটা পর্যবেক্ষণের মাধ্যমে প্রমাণ করা যাক যে সত্যটা আসলে কী।

সেই সময়ের কথা ভাবুন যখন আপনি আপনার জীবনের সব থেকে ভালো মুহূর্তের অনুভূতি পেয়েছিলেন। সেই অনুভূতিকে অনুভব করার চেষ্টা করুন কমপক্ষে ৩০ সেকেন্ডের জন্য।

কী ধরনের ভাবনা-চিন্তার সম্মুখীন আপনি হচ্ছেন এবং কোন

মুহূর্তে আপনার আনন্দ সীমা ছাড়িয়ে গেছে? (আমি জানতে চাইনি সেই সময় আপনি কী করছিলেন, বরং জানতে চেয়েছি আপনি সেই মুহূর্তে কী ধরনের ভাবনা-চিন্তার সম্মুখীন হয়েছিলেন।)

এই প্রশ্নের উত্তর দিতে গিয়ে বেশিরভাগই উপলব্ধি করেন যে, ঠিক সেই মুহূর্তে তারা কোনও ভাবনা-চিন্তার সম্মুখীন হননি। কিছু লোক বলেন যে, তারা সেই মুহূর্তে কৃতজ্ঞ এবং আনন্দিত বোধ করেছেন।

যারা যারা সেই মুহূর্তে কৃতজ্ঞ এবং আনন্দিত বোধ করেছেন তাদের জন্য প্রশ্ন, আপনারা আনন্দিত বোধ করেছেন সেই চিন্তার আগে না পরে?

১০ থেকে ১৫ সেকেন্ডের জন্য এই প্রশ্নের উত্তরটি ভাবুন। আপনার অন্তর্দৃষ্টির মাধ্যমে আপনি কী কী অর্জন করেছেন?

সবচেয়ে চাঞ্চল্যকর বিষয় এই যে, যারা নিজেদের জীবনের সবথেকে খুশির মুহূর্ত চলাকালীন ভাবনা-চিন্তার ব্যাখ্যা দিতে চেয়েছেন তারা আসলে সেই মুহূর্তে নিজেদের মনে কোনও ভাবনা-চিন্তার সমাগম ঘটতে দেখেনইনি। যারা বলেন কৃতজ্ঞতার অনুভূতির সম্মুখীন হয়েছেন, তাদের মতে তারা এমনটি অনুভব করেছেন এই চিন্তার আগে।

যদি এই চিন্তাভাবনা তারা অনুভূতির পরে করে থাকেন তবে তাদের অনুভূতি কখনোই সেই চিন্তার ফল হতে পারে না।

এর থেকে আমরা আরেকটি সত্যের মুখোমুখি হই যে ইতিবাচক অনুভূতির জন্য আপনার ইতিবাচক চিন্তাভাবনার প্রয়োজন নেই।

সত্যের সবচেয়ে সুন্দর বৈশিষ্ট্য হল, তাদের কোনও বিচার বিবেচনার প্রয়োজন হয় না, কারণ এটি যেকোনও সময় যেকোনও স্থানে অভিজ্ঞতালব্ধ হতে পারে। সত্যকে কখনোই প্রমাণ করার প্রয়োজন নেই বা কোনওরকম পরীক্ষা-নিরীক্ষার প্রয়োজন নেই।

আমাদের অস্তিত্বের স্বাভাবিক স্থিতি হল আনন্দ, পরিপূর্ণতা, স্বাধীনতা এবং ভালোবাসা ও কৃতজ্ঞতা। এ কথা বিশ্বাসযোগ্য নাও হতে পারে কারণ, যদি এমনটাই হয়, তবে আমরা সব সময় কেন এগুলোকে অনুভব করতে পারি না? এর উত্তর আমি কিছুক্ষণের মধ্যেই দেব।

যদি আমরা কোনও বস্তুর স্বাভাবিক অবস্থার কথা জানতে

চাই, তার সর্বশ্রেষ্ঠ পদ্ধতি হল সেই বস্তুর প্রকৃতি এবং সহজাত বৈশিষ্ট্যগুলোকে পর্যবেক্ষণ করা (প্রকৃতির অন্যান্য শর্তাবলীর আয়ত্তে আসার পূর্বের অবস্থা)।

উদাহরণস্বরূপ আমরা একটি ছোট্ট শিশুর কথা বলতে পারি। একটি শিশুর সহজাত অবস্থা কেমন হয়? (আমরা ধরে নিচ্ছি যে, শিশুটি জন্মের পর কোনও রূপ অবহেলা, দুর্ব্যবহার বা শারীরিক সমস্যার সম্মুখীন হয়নি)। শিশুরা কি জন্মগতভাবে চিন্তাশীল, ভয়ভীত এবং সচেতন? নাকি তারা সর্বদা সুখ, শান্তি এবং ভালোবাসার পরিস্থিতিতে বিরাজমান?

আমাদেরও অস্তিত্বের স্বাভাবিক বৈশিষ্ট্য হল শান্তি এবং ভালোবাসা। সুতরাং আমরা যে ভাবনা-চিন্তাই করি না কেন সেটা আমাদেরকে আমাদের স্বাভাবিক পরিস্থিতি থেকে বিচ্যুত করবে, ঠিক এই কারণেই যখনই আমরা একাধিক চিন্তাভাবনার মধ্যে থাকি তখন অত্যাধিক মানসিক চাপ অনুভব করি। যে পরিমাণ নেতিবাচক অনুভূতি আমরা অনুভব করি সেই সময় ঠিক সেই পরিমাণ চিন্তাভাবনা আমাদের মস্তিষ্কে ঘোরাঘুরি করে।

অন্যদিকে যে পরিমাণ ইতিবাচক অনুভূতি আমরা অনুভব করি তার থেকে তুলনামূলক কম পরিমাণ চিন্তাভাবনা আমরা সেই মুহূর্তে করে থাকি। অর্থাৎ আমরা যত কম ভাবনাচিন্তা করব আমাদের ইতিবাচক অনুভূতির পরিমাণ তত বেশি হবে।

বিষয়টির সত্যতা যাচাইয়ের জন্য এমন একটি মুহূর্তের কথা মনে করুন যখন আপনি অত্যন্ত চিন্তিত ছিলেন এবং সেই সময় আপনি কতখানি ভাবনাচিন্তা করছিলেন সেটার মাত্রা অনুমান করুন।

এক থেকে দুই মিনিট বিষয়টাকে নিয়ে ভাবুন।

এবার আপনি চিন্তা করুন এমন একটি মুহূর্তের কথা যখন আপনি সবথেকে আনন্দিত ছিলেন এবং ভেবে দেখুন আপনার চিন্তাভাবনার মাত্রা সেই সময় কতখানি ছিল।

এক থেকে দুই মিনিট বিষয়টার ব্যাপারে ভেবে দেখুন।

আমার গুরু আমাকে এই বিষয়টির প্রতি আরো স্পষ্ট ধারণা

পাওয়ার জন্য যে পদ্ধতি ব্যবহার করতে বলেছেন সেটি হল, মনে করুন আপনার মস্তিষ্ক একটি "স্পিডোমিটার", এবং হিসাব করবেন মাইল প্রতি ঘণ্টার হিসাবে নয় বরং চিন্তা প্রতি মিনিটের হিসাবে। অর্থাৎ প্রত্যেক মিনিটে আপনি কতগুলো ভাবনা-চিন্তার সম্মুখীন হন। আমরা যত বেশি চিন্তাভাবনা করি "থট-ও-মিটার"-এ তার পরিমাণ তত বাড়তে থাকে এবং যদি যথেষ্ট পরিমাণ চিন্তা-ভাবনা আপনার মনের মধ্যে ঘোরাফেরা করে, তখন এটা লাল রেখা পার করে। ঠিক এই সময়ই আমরা অত্যন্ত চাপ, ক্রোধ এবং অস্থির বোধ করি।

আপনি কী ভাবছেন সেটা আপনাকে কখনোই চিন্তিত করবে না বরং আপনি যে ভাবছেন সেটাই আপনাকে চিন্তিত করবে।

যে পরিমাণ চিন্তাভাবনা আমরা করি, তা সরাসরিভাবে মানসিক চাপ এবং নেতিবাচক অনুভূতির সঙ্গে যুক্ত থাকে। যখনই আপনি অতিরিক্ত দুশ্চিন্তা, মানসিক পীড়া এবং নেতিবাচক অনুভূতির সম্মুখীন হবেন, জানবেন আপনি অতিরিক্ত ভাবনা-চিন্তায় লিপ্ত হয়ে পড়ছেন এবং এগুলো আরো গভীর হবে আপনার চিন্তাভাবনার গভীরতার সঙ্গে।

সুতরাং আমরা কী ভাবছি তার সঙ্গে আমাদের দুঃখের বা কষ্টের কোনও সম্পর্ক নেই বরং আমরা যে ভাবছি সেটাই আমাদের দুঃখের সবথেকে বড় কারণ।

সবশেষে বলা যেতে পারে যে, ভালোবাসা আনন্দ এবং শান্তি উপভোগ করার জন্য আমাদের কখনোই ইতিবাচক চিন্তাভাবনা করতে হবে না। আমরা ইতিবাচক অনুভূতির সান্নিধ্য চাই কারণ এটা আমাদের প্রকৃতি। আমরা তখনই ইতিবাচক অনুভূতি থেকে বিমুখ হই, যখন আমরা চিন্তা করা শুরু করি এবং ঠিক সেই মুহূর্তেই আমরা আমাদের পরমাত্মার সঙ্গে সংযোগ ছিন্ন করি। এবং বিষণ্ণতা, মানসিক চাপ, চিন্তা এবং ভীতির সম্মুখীন হই। আমরা কী ভাবছি তা কখনোই জরুরি নয় বরং আমরা যে ভাবছি সেটাই জরুরি কারণ এটাই আমাদের সমস্ত সমস্যার কারণ। আমাদের নেতিবাচক অনুভূতি সরাসরিভাবে আমাদের চিন্তাভাবনার পরিমাণের উপর নির্ভরশীল। আমরা যত কম ভাবনাচিন্তা করি ততই ইতিবাচক অনুভূতির জন্য শূন্যস্থান তৈরি করি।

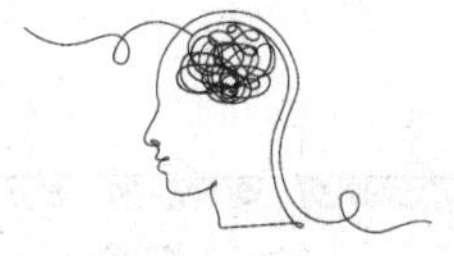

৬

কীভাবে মানুষ অভিজ্ঞতা অর্জন করে—তিনটি প্রধান নীতি

“

যদি মানুষ অভিজ্ঞতা অর্জনের ভয় ত্যাগ করতে পারত তবে এই পৃথিবীর পরিবর্তন অবধারিত ছিল

”

সিডনি ব্যাংকস

প্রথম পর্যায়ে মানুষের অভিজ্ঞতা প্রধান তিনটি নীতি দিয়ে গঠিত হয় সাধারণ জ্ঞান, চেতনা এবং কল্পনা। এই তিনটি নীতি একত্রিতভাবে কাজ করে আমাদের সমস্ত রকমের অভিজ্ঞতা করানোর জন্য এবং এদের মধ্যে যেকোনও একটি অনুপস্থিত হলে আমরা কখনোই অভিজ্ঞতা অর্জনের সক্ষম হব না। সর্বপ্রথম সিডনি ব্যাংক-ই এই তিনটি নীতি আবিষ্কার করেন এবং তার সেই আবিষ্কারের ফলেই আমি আপনাদের সঙ্গে এই বিষয়ে বিস্তারিত আলোচনা করার সুযোগ পেয়েছি।

এই তিনটি নীতিকে ভালোভাবে বুঝতে পারলে আমরা নিজেদেরকে সমস্ত দুঃখ-কষ্ট থেকে দূরে সরিয়ে রাখতে পারব।

সাধারণ জ্ঞান

সমস্ত সজীব বস্তুর বুদ্ধিমত্তার পেছনে দায়ী তাদের মস্তিষ্ক। এটা সমস্ত শক্তি এবং বুদ্ধির উৎস। এটা সেই শক্তি যা একটা ছোট্ট চারা গাছকে বটবৃক্ষে পরিণত হওয়ার পথ দেখায়, সমস্ত গ্রহগুলোকে নিজেদের কক্ষপথে চলা শেখায় এবং প্রত্যেকটি প্রাণীর দেহকে আরোগ্যের পথ দেখায় যখন কোনও ক্ষতর সৃষ্টি হয়। এটা সেই শক্তি যার মাধ্যমে আমাদের শরীর বুঝতে পারে কীভাবে আমাদেরকে জীবিত রাখতে হবে। যে বুদ্ধিমত্তা এই প্রত্যেকটি বিষয়কে সঠিকভাবে চালনা করতে সাহায্য করে তাকেই বলা হয় সাধারণ জ্ঞান। অনেকেই এই শক্তিকে ঈশ্বর, পরমাত্মা, কোয়ান্টম ফিল্ড, সৃষ্টি বা অন্যান্য নামে জেনে থাকেন। এটা সেই উৎস যেখান থেকে আমাদের সমস্ত ভাবনাচিন্তার প্রসার ঘটে। এই সাধারণ জ্ঞানের সঙ্গে পৃথিবীর সমস্ত বিষয় যুক্ত। কোনও বস্তুই অন্য কোনও বস্তু থেকে আলাদা নয়। যদি কখনো এমন মনে

হয় যে, একটা বস্তু অপর বস্তুর তুলনায় ভিন্ন তবে সেটা শুধুমাত্র একটা ভুল ধারণা। সাধারণ জ্ঞানে থাকাকালীন আমরা পরিপূর্ণ থাকি; ভালোবাসা, আনন্দ এবং শান্তি ও প্রেরণার অনুভূতি উপলব্ধি করি। যখন আমরা ভাবনাচিন্তার মধ্যে থাকি, তখন আমরা আমাদের সাধারণ জ্ঞানের সঙ্গে আমাদের সম্পর্ক ছিন্ন করি এবং একাকীত্ব, ক্রোধ, দুঃখ, বিষণ্ণতা এবং ভয়ের ঘেরাটোপে আবদ্ধ হয়ে পড়ি।

সাধারণ চেতনা

সাধারণ চেতনা হল প্রত্যেকটি বিষয়ের প্রতি সমস্ত চেতনার একত্রিত রূপ। এই চেতনা আমাদের অস্তিত্ব এবং আমাদের ভাবনার অস্তিত্ব সম্পর্কে আমাদের জাগরূক রাখে। সাধারণ চেতনা ছাড়া আমরা কখনোই অভিজ্ঞতা অর্জনে সক্ষম হব না। আমাদের পাঁচটি ইন্দ্রিয় অকর্মণ্য প্রমাণিত হবে কারণ আমাদের কাছে জানার বিষয় বলতে কিছুই থাকবে না। সাধারণ চেতনা বিভিন্ন বিষয়বস্তুকে আমাদের অভিজ্ঞতার আয়ত্তে আনতে সাহায্য করে এবং আমাদের কাছে সেগুলোর অস্তিত্বের জানান দিতে সাহায্য করে।

সাধারণ কল্পনা

সাধারণ কল্পনা সৃষ্টির একক। এটা সেই শক্তি যা আমাদেরকে কোনও কিছু আবিষ্কারের ক্ষমতা দান করে।

এটা সেই বস্তু যা আমরা চেতনা দ্বারা অর্জন করতে পারি। কল্পনা সেই বস্তু যা ছাড়া আমরা কোনও বিষয়ের ধারণা পেতে সক্ষম হব না। কল্পনা হল সেই ডিভিডি যা সমস্ত ইনফরমেশন নিজের মধ্যে ধারণ করে, যাতে করে আমরা টেলিভিশনে সবকিছু স্পষ্টভাবে দেখতে পারি। এই টেলিভিশন এবং ডিভিডি দুটিই চেতনার মতো। এটা আমাদের মস্তিষ্ক অর্থাৎ ডিভিডিতে সমস্ত ইনফরমেশন ধারণ করতে সাহায্য করে যাতে আমরা জীবনের প্রত্যেকটি অভিজ্ঞতা লাভ করতে পারি একটা সিনেমার মতো। এই টেলিভিশন বা ডিভিডি প্লেয়ারকে ইলেকট্রিসিটি প্রদান করে সাধারণ জ্ঞান যা প্রত্যেকটি বিষয়কে একটা অদৃশ্য শক্তি দ্বারা একে অপরের সঙ্গে যুক্ত করে। এট সেই শক্তি যার মাধ্যমে প্রত্যেকটি বিষয়বস্তু ভালোভাবে কাজ করতে পারে।

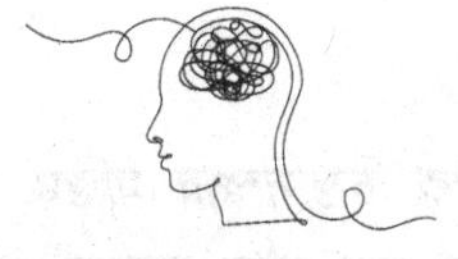

৭

যদি ভাবনাচিন্তাই আমাদের দুঃখের প্রধান কারণ হয় তবে আমরা কীভাবে চিন্তাভাবনা বন্ধ করব?

“

একটা একাধিক চিন্তাসম্পন্ন মস্তিষ্ক কখনো একটা শান্তিপূর্ণ মন গঠন করতে পারে না।

”

ক্রিস্টিন ইভানজেলো

স্বর্গ ও নরক : একটি জেন নীতিকথা

একদিন এক বলিষ্ঠ সুঠাম সামুরাই একজন ধ্যানমগ্ন জেন মাস্টারের সঙ্গে সাক্ষাৎ করেন। সামুরাই তার কর্কশ গলায় জেন মাস্টারকে জিগ্যেস করেন, 'আমাকে স্বর্গ এবং নরকে সম্বন্ধে কিছু তথ্য প্রদান করুন।'

জেন মাস্টার চোখ খোলেন, তারপর সামুরাইয়ের মুখের দিকে ভালো করে লক্ষ্য করে বলেন, 'আপনার মতো একজন উদ্ধত, এবং রূঢ় ব্যক্তিকে আমি উত্তর দেওয়া প্রয়োজন মনে করি না। আপনার মতো একজন নিকৃষ্ট ব্যক্তিকে আমি কিছু বলব, সেটা আপনি ভাবলেন কী করে? আপনাকে আমি সহ্য করতে পারছি না। আমার চোখের সামনে থেকে দূর হয়ে যান। আমার কাছে আপনার প্রশ্নের উত্তর দেওয়ার মতো সময় নেই।'

সামুরাই এই অপমান সহ্য করতে পারেন না। তিনি তলোয়ার বার করে জেন মাস্টারের মস্তক ছিন্ন করতে উদ্যত হন।

সামুরাইয়ের চোখে চোখ মিলিয়ে তখন জেন মাস্টার বলেন, 'এটাই নরক।'

সামুরাই তক্ষনি শান্ত হয়ে যান এবং বুঝতে পারেন যে ক্রোধ তাকে সম্পূর্ণভাবে গ্রাস করে ফেলেছে। তিনি নিজেই নিজের জন্য একটি নরক তৈরি করেছেন যা ঘৃণা, এবং ক্রোধের সমষ্টি। তিনি বুঝতে পারেন যে, ক্রোধে তিনি এতটাই প্লাবিত হয়ে গেছেন যে, এই মুহূর্তে তিনি যেকোনও ব্যক্তিকে খুন করে ফেলতে পারেন।

সামুরাই নিজের ভুল বুঝতে পেরে দুহাত জোড় করে জেন মাস্টারের কাছে ক্ষমা চান।

জেন মাস্টার তার অনুরোধ হাসিমুখে স্বীকার করেন এবং বলেন, 'এটাই স্বর্গ।'

ভাবনাচিন্তাকে সম্পূর্ণভাবে আটকে দেওয়া কখনোই সম্ভব হয় না কিন্তু আমরা চেষ্টা করতে পারি। সেগুলোর পেছনে দেওয়া সময়টাকে কমাতে পারি এবং একটি শান্তিপূর্ণ অবস্থার আনন্দ উপভোগ করতে পারি।

যখন আমরা বলি যে, আমরা চিন্তাভাবনাকে রোধ করতে চাই, অনেকেই হয়তো ভাবতে পারেন যে, আমরা আমাদের সমস্ত চিন্তাকে বন্ধ করার কথা বলছি। বিষয়টা এমন নয়। এখন যখন আমরা ভাবনা এবং চিন্তার মধ্যে পার্থক্য জানি, আমাদের উদ্দেশ্য হল ভাবনাগুলোকে আমাদের মধ্যে বয়ে যেতে দেওয়া এবং চিন্তাকে বাধা দেওয়া।

সবথেকে মজার বিষয় হল, আমাদের চিন্তা কমানোর জন্য কিছুই করার প্রয়োজন নেই, বরং আমরা যদি তাদের ব্যাপারে সতর্ক হতে পারি, সেটাই যথেষ্ট।

আমরা যখন জানি যে আমাদের সমস্ত দুঃখের প্রধান কারণ চিন্তা, আমরাও অনায়াসেই চিন্তাভাবনাগুলোকে বন্ধ করতে সক্ষম হই। এবং এতে আমাদের তেমন কোনও প্রচেষ্টার প্রয়োজন নেই।

আমার পরামর্শদাতাদের মধ্যে থেকে একজনের মতামত আমি নীচে তুলে ধরছি—

মনে করো, আমি তোমাকে একটা কর্দমাক্ত জলের পাত্র দিয়েছি। যদি আমি জিগ্যেস করি, এই জল কীভাবে পরিষ্কার করবে, তুমি কী বলবে? ১৫ সেকেন্ড নাও এবং দেখো তোমার কাছে কী সমাধান আছে।

বেশিরভাগই বলবেন যে, ওই পাত্রের জলটাকে শোধন করা বা ফোটানো উচিত। কিন্তু আমরা যদি ওই জলের পাত্রটাকে কিছুক্ষণের জন্য রেখে দিই, তবে ওই জলে মেশা সমস্ত নোংরা পাত্রের নীচে থিতিয়ে পড়বে। জলের প্রকৃত অবস্থা হল স্বচ্ছতা, তেমনই আমাদের

মস্তিষ্কের প্রকৃত অবস্থা ততক্ষণ শান্ত থাকে যতক্ষণ না আমরা তাকে অস্থির করে তুলছি।

যদি কখনো মনে হয় জীবন অপরিষ্কার, অগোছালো এবং কঠিন হয়ে উঠেছে এবং জানা নেই যে পরবর্তী পর্যায়ে কী করা উচিত, তখন জানবেন যে আপনি চিন্তাভাবনার অন্ধকারে ডুবে আছেন।

যখন আমরা বুঝতে পারি, আমাদের চিন্তাভাবনারাই আমাদের অতিষ্ঠ করে তুলছে, তখন আমরা নিজে থেকেই সেগুলোকে দূর করার চেষ্টা করি।

আপনি আপনার চিন্তাগুলোকে চোরাবালির সঙ্গেও তুলনা করতে পারেন। আমরা যত এর সঙ্গে বিদ্রোহ করি, ততই এটা আমাদের নেতিবাচক চিন্তা করতে বাধ্য করে। ঠিক চোরাবালির মতো। আমরা যদি চোরাবালির মধ্যে আটকে পড়ি, তার সঙ্গে যুদ্ধ করে আমরা কখনোই বেরোতে পারব না। আমরা যত নিজেদের ছাড়ানোর কথা ভাবব ততই এটা আমাদের গ্রাস করবে। এর থেকে পরিত্রাণ পাওয়ার একমাত্র উপায় হল নিজের দেহকে প্রকৃতির স্রোতে ভাসিয়ে দেওয়া। চিন্তা থেকে দূর হওয়ার উপায়ও একই। আপনাকে নিজের অন্তরাত্মার ডাকে সাড়া দিতে হবে এবং আপনার অন্তরের জ্ঞান আপনাকে সঠিক পথে নিয়ে যাবে।

যদি আপনি নিজেকে এবং চিন্তাহীনতার মধ্যে খুঁজে পান তবে জানবেন যে, সেটা স্বাভাবিক। এমনটা কখনোই সম্ভব নয় যে, আমরা দিনের প্রত্যেকটি মুহূর্ত বিনা চিন্তাতে কাটাব। যদি আমরা এমনটা করি, তবে আমরা নিজেদেরকে পুনরায় চিন্তার মধ্যে ঠেলে দেব।

আমরা আমাদের শারীরিক কাঠামোর ভেতর একটি অসীম আধ্যাত্মিক সত্তা ধারণ করে আছি, যা কিছু নির্দিষ্ট অভিজ্ঞতার মধ্যে সীমাবদ্ধ। আমাদের শরীর একটি মাধ্যম যা আমাদের অন্তরাত্মাকে পরমাত্মার সঙ্গে যুক্ত করে। সুতরাং আমরা সহজেই আমাদের প্রধান দুটি অনুভূতি অর্থাৎ চিন্তা এবং শান্তি, এদের মধ্যে অনায়াসেই আনাগোনা করতে পারি। আমরা কখনোই নিজেকে সম্পূর্ণরূপে চিন্তামুক্ত করতে

পারব না, তবে আমরা চিন্তার পরিমাণ কমাতে পারি এবং এইভাবে আমরা সুখ, শান্তি ও ভালোবাসার অনুভূতি উপলব্ধি করতে পারি।

যদিও নিজের ভাবনাচিন্তাকে নিয়ন্ত্রণ করা আপনার নিয়ন্ত্রণের বাইরে তবুও আপনি কখনোই এর জন্য নিজেকে দোষারোপ করবেন না কারণ এটা আপনার জীবনের অংশ। আমরা যেকোনও সময় চিন্তাহীনতার পর্যায়ে পৌঁছাতে পারি।

আমরা যদি জেনে থাকি, ভাবনাচিন্তার ঊর্ধ্বে আমরা প্রকৃত শান্তি পেতে পারি, তবে আমাদের পক্ষে চিন্তা না-করার পর্যায়ে যাওয়া বেশি জটিল হবে না। আমরা যে পর্যায়ে নিজেদেরকে পেতে চাই সেটা, চিন্তা করার ক্ষমতাকে হারিয়ে ফেলা নয়, বরং ভুলে যাওয়া। তবে আমরা ভুলতে সক্ষম এর অর্থ এই নয় যে, তার কোনও অস্তিত্ব নেই। ঠিক যেমন রাত হওয়ার অর্থ সূর্যের অন্ত নয়। যদি আমরা ভাবি, সূর্যাস্তের অর্থ আর কখনও সূর্য ফিরে আসবে না, তবে আমরা স্বাভাবিকভাবেই উদ্বিগ্ন ও ভীত হয়ে পড়ব। এই একই কথা আমাদের অস্তিত্বের ক্ষেত্রেও প্রযোজ্য।

ভালোবাসার সমুদ্রে বয়ে যাওয়া থেকে আমরা শুধুমাত্র এক পদক্ষেপ দূরে। বিষয়টি আমরা কখনও কখনও ভুলে যেতে পারি। তবে যখন আমাদের মন বলে আমাদের নেতিবাচক চিন্তাই আমাদেরকে এমন ভাবতে বাধ্য করছে তখন আমরা পুনরায় আমাদের পূর্ববর্তী অবস্থায় ফিরে যেতে পারব। আমাদেরকে জানতে হবে এটা কেবলমাত্র আমাদের চিন্তা এবং আমরা যেকোনও মুহূর্তে এটা ত্যাগ করতে পারি। সূর্য কখনই নিঃস্ব হতে পারে না। সে প্রতিনিয়ত তার কর্মে রত। আমরা এরূপ ভাবলে রাতেও সূর্যের গুরুত্ব কম হবে না। সমানভাবে আমরা চিন্তাহীনতা গুরুত্ব প্রদান করতে পারব। নিজেদের জীবনে চিন্তাহীনতার গুরুত্ব এবং সৌন্দর্য বুঝতে পারব।

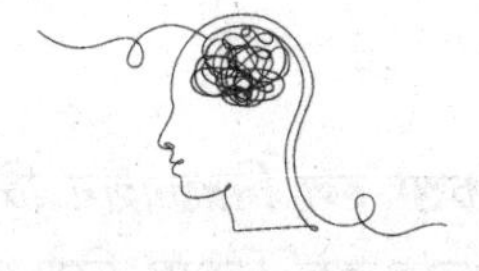

৮

ভাবনাচিন্তা না করে আমরা কীভাবে জীবনযাপন করতে পারি?

“

দুশ্চিন্তা হল নিয়ন্ত্রণহীন চিন্তা।
প্রবাহ হল চিন্তায় নিয়ন্ত্রণ।

”

জেমস ক্লেয়ার

এখন আমি এমন একটি প্রশ্ন করতে চলেছি যা আপনাকে নিম্নলিখিত প্রশ্নের ব্যাপারে একটি ধারণা দেবে।

যখন আপনি এমন কোনও কাজ করেন যেখানে আপনি আপনার সম্পূর্ণ সত্তাকে উজাড় করে দেন তখন আপনার কেমন অনুভূতি হয়?

১৫ সেকেন্ড অপেক্ষা করুন এবং দেখুন আপনার মনে কী উত্তর ভেসে আসে।

আপনি যদি এখনো কোনও উত্তর না পেয়ে থাকেন তবে আপনার জন্য আরেকটি প্রশ্ন:

যখন আপনি এমন কোনও কাজ করেন যা আপনাকে সময়ের জ্ঞান হারাতে বাধ্য করে, এরূপ প্রবাহের মুহূর্তে আপনার কেমন অনুভূতি হয়? একটু দাঁড়িয়ে এই প্রশ্নের উত্তর খোঁজার চেষ্টা করুন (নিজেকে ৩০ থেকে ৬০ সেকেন্ড দিন উত্তরটি খোঁজার জন্য)।

আপনি যখন এমন কোনও কাজ করেন, যেখানে আপনি আপনার সর্বস্ব দান করছেন; সেরকম কোনও কাজ করার সময় আপনার কাজ এবং ভাবনা-চিন্তার মধ্যে কোনও পার্থক্য থাকে না। এবং যদি আপনার মধ্যে কোনও ভাবনা-চিন্তার উদ্ভব হয় তখন জানবেন যে, এটি আপনার মধ্যে প্রবাহিত হচ্ছে আপনাকে কোনরকম চিন্তিত না করেই। অন্য ভাবে বলা যেতে পারে যে, মানুষ যখন তার সর্বস্ব দিয়ে কোনও কাজ করে, তখন সে চিন্তাহীনতার পরিস্থিতিতে থাকে। অবাক লাগলেও এটাই সত্য। যখন আমরা চিন্তাভাবনা ছাড়া কাজ করি, তখন আমাদের কাজের মান উৎকৃষ্ট হয় এবং এর প্রমাণ আপনি আপনার নিজের অভিজ্ঞতার মাধ্যমে পাবেন।

আরেকটি উদাহরণের মাধ্যমে এই সত্যটিকে প্রমাণ করা যেতে পারে। আপনার কি মনে হয়, অলিম্পিক খেলোয়াড়রা যখন একে অপরের সঙ্গে প্রতিদ্বন্দ্বিতায় লিপ্ত থাকেন তখন তারা ভাবনাচিন্তা করে

নিজেদের ক্রীড়াকৌশল প্রদর্শন করেন? আপনার কি মনে হয়, তাদের মনে সেই মুহূর্তে কোনও ভাবনাচিন্তার আনাগোনা হতে পারে? শ্রেষ্ঠ খেলোয়াড়রা এটাই বলবেন যে, তারা তাদের সর্বশ্রেষ্ঠ ক্রীড়াকৌশল তখনই প্রদর্শন করেন যখন তারা প্রবাহের মধ্যে থাকেন এবং এই প্রবাহ হল চিন্তাহীনতার অবস্থা।

এই পরিস্থিতির নামকরণের জন্য জাপানি সংস্কৃতিতে একটি বিশেষ শব্দ ব্যবহার করা হয়— মুশিন।

শতকান টাইমস-এর ব্যাখ্যা অনুযায়ী:

মুশিন অর্জন করা যায় তখনই যখন আমাদের মস্তিষ্ক এলোমেলো ভাবনা-চিন্তা থেকে দূরে থাকে; যখন তা রাগ এবং অহম থেকে মুক্ত থাকে। এটি সেই সময় কাজে লাগে যখন জীবনে কোনও প্রতিদ্বন্দ্বিতায় জয়ের প্রস্তুতি নেওয়া হয়। যখন মুশিন-এর অভিজ্ঞতা অর্জিত হয় তখন আমাদের মস্তিষ্কে এলোমেলো চিন্তাভাবনার অভাব দেখা যায়। এটি ব্যক্তিকে কোনও দ্বিধা ছাড়াই নিজের কার্যকলাপ করার শক্তি দেয়। ট্রেনিং চলাকালীন সে যে যে বিষয়গুলির জ্ঞান অর্জন করে সেগুলিকেই প্রদর্শিত করে। এটি ভাবনাচিন্তার মাধ্যমে পরবর্তী পদক্ষেপ গ্রহণ করার উপর নির্ভর করে না বরং নির্ভর করে চর্চা এবং অবচেতন মনের কার্যকলাপের উপর।

প্রতিনিয়ত অভ্যাস করা সত্ত্বেও কোনওরকম চিন্তা একজন ক্রীড়াবিদের ক্রীড়াপ্রদর্শনীর সময় বাধা দান করতে পারে এবং এমনটা আমাদের সকলের জন্য প্রযোজ্য। আমরা দ্বিধাবোধ করি, ভাবনাচিন্তা করি, আমাদের মনে সন্দেহ আসে, আমাদের মনে ভয় আসে ঠিক তখনই যখন আমরা অতিরিক্ত চিন্তাভাবনা শুরু করি। ঠিক যেই মুহূর্তে আমরা চিন্তাহীনতার পরিস্থিতিতে প্রবেশ করি, আমরা আমাদের শ্রেষ্ঠত্ব প্রমাণ করতে সক্ষম হই। যখন আমরা ভাবনাচিন্তা ত্যাগ করি, তখন আমরা অনেক বাধা-বিপত্তি থেকে মুক্ত হই এবং কিছু চমৎকার ঘটানোর পথে এগোই। আমি কখনোই বলব না যে আপনি এই অভ্যাসটি আত্মস্থ করুন তবে আপনি এটা অর্জন করার কথা ভাবতে পারেন।

৯

যদি আমরা ভাবনাচিন্তা বন্ধ করে দিই তবে আমাদের লক্ষ্য, স্বপ্ন এবং উদ্দেশ্যগুলোর কী পরিণতি হবে?

“

আমাদের জ্ঞানের পরিধির বাইরে আমাদের মনের কোনও সীমা নেই।

”

নেপোলিয়ান হিল

আমি ভাবি তাই আমি কষ্ট পাই

যখন আমি অবশেষে উপলব্ধি করতে পারি যে, আমার সমস্ত দুঃখের কারণ আমার চিন্তারাই; আমার জীবনে যা কিছু নেতিবাচক অভিজ্ঞতা হয়েছে তার মূল কারণ এই চিন্তারা, আমি উচ্ছ্বসিত হয়ে উঠি, আনন্দে আত্মহারা হয়ে উঠি। যদিও আমার আনন্দের সীমা ছিল ক্ষণস্থায়ী কারণ ঠিক এর পর মুহূর্তেই আমার মনে কিছু চিন্তার আনাগোনা শুরু হয় যেমন—

যদি চিন্তাই সমস্ত দুঃখের কারণ হয়, তবে আমি যদি চিন্তা করা বন্ধ করি, জীবনযাপন করব কীভাবে? আমার সমস্ত লক্ষ্য কীভাবে অর্জন করব? তবে কি জীবনের সমস্ত চাওয়া-পাওয়ার শেষ এখানেই? তবে কি আমি আমার জীবনে কিছুই করতে পারব না?

যদি আপনি ভেবে থাকেন যে আমি একজন টেলিপ্যাথিক, তবে হ্যাঁ, আমি তাই। আমি আপনার মন পড়তে পারি। রসিকতা ছেড়ে আসল বিষয়ে আসা যাক। আপনি যদি অবাক হয়ে ভাবেন আমি এমনটা কী করে পারলাম, তবে বলব এটাই মানুষের স্বাভাবিক বৈশিষ্ট্য এবং আমিও একজন মানুষ। আমরা সকলেই একটামাত্র পথ অনুসরণ করছি এবং সেটা হল জীবনের উদ্দেশ্য খুঁজে পাওয়া।

যাই হোক, গোড়ার কথায় ফিরে আসা যাক। আমাদের স্বপ্নগুলোর কী পরিণতি হবে যদি আমরা ভাবনাচিন্তা বন্ধ করে দিই? আমার মাথায় যখন এই প্রশ্নগুলো আসে, তখন আমার মনে এক প্রকার ভীতি জন্ম নেয় আমাকে হয়তো সন্ন্যাসীদের মতো পাহাড়ে চলে যেতে হবে।

আমি নিশ্চয়ই এমন কাজ করব না। নিজের জীবনে আমি যথেষ্ট

সন্তুষ্ট এবং সন্ন্যাসী হিসেবে জীবনযাপন করার মতো মানসিকতা আমার ছিল না।

সুতরাং নিজের লক্ষ্যগুলোকে অনুসরণ করার জন্য আমি কিছু পথ অনুসরণ করলাম। আমি আগের অধ্যায়গুলোতে বলেছিলাম যে ভাবনা এবং চিন্তার মধ্যে পার্থক্য আছে। চিন্তা এবং ভাবনা দুটির উৎস ভিন্ন এবং এই উৎসগুলোই আমাদের দুঃখের কারণ নির্ধারণ করে।

একইভাবে, আমাদের স্বপ্ন বা লক্ষ্যের উৎসই নির্ধারণ করবে, আমরা সেগুলোকে অনুসরণ করব কিনা। জগতে ভালো বা মন্দ বলে কিছু নেই এবং সবই নির্ভর করে আমরা কীভাবে একটা বিষয়কে পর্যবেক্ষণ করব তার উপর। আমাদের লক্ষ্য বা উদ্দেশ্য কোনওটাই ভালো বা মন্দ নয় সুতরাং এখানে কোনও মরণ-বাঁচন পরিস্থিতির অবকাশ নেই বরং উদ্দেশ্যর উৎস কী সেটাই গুরুত্বপূর্ণ।

সাধারণত আমাদের লক্ষ্যের দুটি উৎস— অনুপ্রেরণা এবং ঔদ্ধত্য। যখন আমাদের লক্ষ্য ঔদ্ধত্যর মাধ্যমে নির্ধারিত হয় তখন আমরা নিজেদের মধ্যে অভাব বোধ করি এবং সবকিছুতেই আমাদের তাড়া থাকে। আমাদের কাছে তখন আমাদের লক্ষ্য একটা বোঝার মতো মনে হয়। আমাদের মন সন্দেহপ্রবণ হয়ে ওঠে, নিজেকে অসম্পূর্ণ মনে হয়। আমরা নিজেদেরকে অস্থির করে তুলি লক্ষ্যে পৌঁছাবার তাগিদে। সবচেয়ে খারাপ পরিস্থিতি তখন তৈরি হয়, যখন আমরা অল্প সময়েই নিজের লক্ষ্যে পৌঁছে যাওয়া সত্ত্বেও অভাববোধে ভুগি এবং সন্তুষ্টি লাভ করতে পারি না। কারণ যা ঘটে, তা আমাদের পক্ষে কখনোই যথেষ্ট নয়। আমাদের কী করণীয় তার সঠিক জ্ঞান না থাকায় আমরা আমাদের আশেপাশে কী ঘটছে, তার দিকেই বেশি মনযোগী হই, অন্যদের দেখি। এবং যখন সকলকে একইভাবে এগিয়ে যেতে দেখি তখন নিজেরাও পুনরায় অন্য একটি নতুন উদ্দেশ্যের পথে রওনা দিই শুধুমাত্র নিজেদের অভাববোধ এবং নেতিবাচক ধারণাগুলো থেকে দূরে যাওয়ার জন্য। যখন আমরা আমাদের এরূপ উদ্দেশ্যগুলোকে খণ্ডন করে দেখি তখন জানতে পারি যে, এগুলো

আসলে প্রয়োজন সাপেক্ষ লক্ষ্য, অন্তিম লক্ষ্য নয়। অন্যভাবে বলা যেতে পারে যে, আমরা ঔদ্ধত্যর বশবর্তী হয়ে যে সিদ্ধান্ত নিই, তা অবশেষে একটি অন্য অন্তের সন্ধান দেয়। যেমন, আমরা যখন ধনী হতে চাই তখন আমাদের কোটি টাকার ব্যবসায় লগ্নি করার কথা মনে আসে। আবার যখন মানসিক চাপ এবং চিন্তা থেকে মুক্তি পেতে চাই তখন আমরা চাকরি-বাকরি ছেড়ে ঘরে বসে থাকতে চাই। সুতরাং আমাদের চাহিদা কখনও কমে না বরং সেটাকে করতেই হবে এমন একটি ধারণা জন্ম নেয়। শুধুমাত্র সেটা থেকে পাওয়া ফলাফলগুলো উপভোগ করার জন্য। এই লক্ষ্যগুলো সাধারণত বাস্তবিক হয় এবং সেগুলো কোনও ফলাফল দানের যোগ্য কিনা সে বিষয়েও আমরা মাথা ঘামিয়ে থাকি। এগুলো অত্যন্ত সীমিত প্রকৃতির হয় এবং এর সঙ্গে স্বার্থ জড়িয়ে থাকে। এগুলো আমাদের ক্ষণিকের জন্য উদ্দীপিত করে ঠিকই, কিন্তু অভীষ্ট লাভের পর এগুলো আমাদের পুনরায় শূন্যতার মধ্যে ঠেলে দেয়। আমাদের পরের পদক্ষেপে আমরা তুলনামূলক আরও বড় কোনও লক্ষ্য নির্ধারণ করি, যার উদ্দেশ্য নিজেকে সন্তুষ্ট করা।

সাধারণত এইভাবেই আমরা নিজেদের লক্ষ্য নির্ধারণ করে থাকি। আমি এই বিষয়টাকে এইভাবে ব্যাখ্যা করতে পারলাম কারণ ক্রমশ অভিজ্ঞতা আমার পূর্বে হয়েছে।

তবে এ বিষয়ে আপনার দোষ-ক্রটি নেই। আপনি এই পরিস্থিতি থেকে বেরোতে পারেন নিজের লক্ষ্যগুলোকে অনুপ্রেরণার দ্বারা নির্ধারিত করে।

আমরা যখন অনুপ্রেরণার দ্বারা চালিত হয়ে কোনও লক্ষ্য নির্ধারণ করি, তখন পরিস্থিতি হয় সম্পূর্ণ ভিন্ন। এমতাবস্থায় আমরা একটি গভীর অনুভূতির মধ্যে থাকি। মনে হয় যেন আমরা আমাদের মনের ডাকে সাড়া দিয়ে এগিয়ে চলেছি। যেন কোনও এক অন্তর্শক্তি বহির্জগতে প্রকাশিত হতে চাইছে। ঠিক যেমন চিত্রশিল্পীরা ছবি আঁকেন, নৃত্যশিল্পীরা নৃত্য করেন, লেখকরা রচনা করেন এবং সংগীতশিল্পীরা গান করেন উপার্জনের উদ্দেশ্য ছাড়াই। কোনও এক অদৃশ্য টান

অনুভব করি আমার এই সৃষ্টিশীলতার মর্মে। এক মহাজাগতিক টান অনুভব করি। আমরা বাধ্য হই এই কাজে। আমরা ঠিক এমনভাবেই আমাদের অনুপ্রেরণার লক্ষ্যে পরিচালিত হব।

সবথেকে আশ্চর্যের বিষয় এই যে আমরা এই লক্ষ্যগুলো নির্ধারণ করব কোনও উদ্দেশ্য বা কোনও কিছু পাওয়ার ইচ্ছা ছাড়াই। আমরা কখনোই কিছু পাওয়ার আশায় লক্ষ্যের দিকে এগোই না বরং আমাদের নিজেদের সন্তুষ্টির জন্য এগোই। এর পেছনে কোনও কারণ থাকে না। এর উৎস আমাদের অন্তর সত্তা। জীবনকে যাপন করার প্রকৃত দিশা দেখায় এই উদ্দেশ্যগুলো। এই কারণেই আমাদের মধ্যে অনেকেই নিজের সন্তান গ্রহণের কথা ভাবেন। আমরা কখনো ভাবি না যে তারা আমাদের বার্ধক্যের সাথী হবে, বরং আমাদের উদ্দেশ্য থাকে তাদের সঙ্গে আমাদের সবকিছু ভাগ করে নেওয়া।

অনুপ্রেরণার এই অনুভূতিকে ব্যাখ্যা করা যায় না কারণ এর বাস্তব জগতের সঙ্গে কোনও সম্পর্ক নেই। এটা আমাদের ভেতর থেকে আসে না বরং আসে আমাদের চেয়ে অনেক বৃহৎ কিছুর মধ্যে থেকে। আমি এই শক্তিকে আধ্যাত্মিক অনুপ্রেরণা বলে থাকি কারণ যে ধারণাগুলো এই শক্তির মাধ্যমে প্রেরিত হয় তা সাধারণত আমাদের মস্তিষ্কের ধারণ ক্ষমতার বাইরে।

এই প্রেরণা আমাদের মধ্যে থেকে আসে না, কারণ তা কখনোই আমাদের পূর্ব অভিজ্ঞতা দ্বারা নির্ধারিত হয় না। এই শক্তি তখনি আসে যখন কোনও সমস্যার সমাধান খোঁজা দুষ্কর হয়ে ওঠে। এর কোনও সীমা বা অন্ত নেই। এটা এমন এক শক্তি যা আমাদেরকে উচ্চ শিখরে পৌঁছাতে সাহায্য করে। এই পর্যায়ে আমরা পরিপূর্ণতা এবং শান্তি অনুভব করি। আমরা কোনও কিছুর বিচার বা সমালোচনা করি না। সবকিছুকে ভালোবাসার নজরে দেখি। আমরা এই অনুভূতিকে জগতের সবথেকে পবিত্র এবং সুন্দর অনুভূতি হিসাবে গণ্য করতে পারি।

যখনই কেউ অনুপ্রাণিত হয়ে কিছু করার চেষ্টা করেছে তখন সে

এইরূপ অনুভূতির অভিজ্ঞতা পেয়েছে। পরবর্তী পর্যায়ে এগোনোর আগে আমি আপনাকে অনুরোধ করব এই বিষয়টিকে নিজের উপরে পর্যবেক্ষণ করে দেখুন। কবে আপনি এমন অনুভূতির সম্মুখীন হয়েছেন যেখানে আপনি নিজেকে কিছু করার জন্য অনুপ্রাণিত হতে দেখেছেন?

আপনার কি মনে হয়নি যে, এই অনুভূতি জগতের সবথেকে মূল্যবান অনুভূতি? আমাদের মধ্যে অনেকেই এর সম্মুখীন হয়ে থাকি, তবে আমরা যখনই এটাকে বাস্তবিক রূপ দিতে যাই বা এ বিষয়ে ভাবা শুরু করি, তখনই যেন এটি বিলুপ্ত হয়ে যায়। আমরা মনে করি যে, আমরা যা ভাবছি তা কখনোই বাস্তব রূপ পেতে পারে না, আমাদের জীবনে অন্য আরো গুরুত্বপূর্ণ বিষয় রয়েছে এবং নিজেদেরকে অনেকসময় যোগ্য বলেও মনে করি না আমরা। যখনই আমরা এটাকে বাস্তবে পরিণত করার কথা ভাবি, তখন যেন অনুপ্রেরণার উৎস বিলুপ্ত হয়ে যায় এবং আমরা আমাদের দৈনন্দিন জীবনে আবার ফিরে যাই। ঠিক যখনই আমরা সমস্ত অনুপ্রেরণার স্রোত থেকে বিচ্ছিন্ন হই, আমাদের সমস্ত সন্দেহ, দুশ্চিন্তা, দুঃখ, কষ্ট এবং অন্যান্য নেতিবাচক অনুভূতি একত্রিত হতে থাকে।

অনুপ্রেরণা বা ঔদ্ধত্যের মধ্যে একই সময়ে আমরা যেকোনও একটা রাস্তা অনুসরণ করতে পারি। একই সময়ে দুটো শক্তি একসঙ্গে বিরাজমান হতে পারে না, তবে আমরা একটি থেকে অপরটিতে স্থানান্তরিত হতে পারি।

আমরা যখন ভাবা বন্ধ করি, তখন কিন্তু আমরা আমাদের স্বপ্ন এবং লক্ষ্যগুলোকে স্থগিত রাখি না বরং আমাদের লক্ষ্যগুলোকে নির্ধারণ করার চেষ্টা করি। আমরা এই গোটা ব্রহ্মাণ্ডের সঙ্গে যুক্ত হই যা আমাদেরকে আধ্যাত্মিক অনুপ্রেরণা জোগাতে সাহায্য করে। আমরা উজ্জীবিত হই, সুখ, স্বচ্ছন্দ এবং পরিপূর্ণতার অনুভূতি পাই।

কীভাবে আমরা জানব যে আমাদের লক্ষ্য অনুপ্রেরণা দ্বারা পরিচালিত না ঔদ্ধত্য দ্বারা?

একটা খুব সাধারণ উপায় হল, আমাদেরকে ভাবনা এবং চিন্তার

মধ্যে পার্থক্য বুঝতে হবে। যে লক্ষ্য নির্ধারিত হয় ভাবনার মাধ্যমে, তার উৎস অনুপ্রেরণা। যে লক্ষ্য নির্ধারিত হয় চিন্তার মাধ্যমে তার উৎস ঔদ্ধত্য।

আমরা সাধারণত ভাবনাচিন্তা, বিচারবিবেচনা করে নিজেদের লক্ষ্য নির্ধারণ করি, অতীতের অভিজ্ঞতাকে কাজে লাগাই। তবে এর ফলে আমাদের লক্ষ্য একটি গণ্ডির মধ্যে সীমাবদ্ধ হয়ে পড়ে। আমরা মন থেকে তাকে স্বীকার করে নিতে পারি না।

অপর একটি উপায় হল, আপনার উত্তেজনার পরিমাণ সম্পর্কে অবগত হওয়া। যে লক্ষ্য ঔদ্ধত্যের বশে প্রতিফলিত হবে, তা আপনাকে ভেতর থেকে ফাঁপা করে তুলবে। আপনার মনে ভীতির সৃষ্টি হবে। আপনাকে বাধ্যতার বশে পড়ে কিছু করার কথা ভাবতে হবে। আমাদের মনে হবে আমরা বর্তমান কোনও কঠিন পরিস্থিতিকে দূর করার জন্য এমনটা করছি। যেমন, আপনি আপনার চাকরি ছাড়তে চান কারণ, আপনি এমন কিছু করতে চান, যা করলে আপনি আনন্দ লাভ করেন। তবে এখানে আপনার চাকরি ছাড়ার উদ্দেশ্য অন্য কোনও ফল অর্জন করা। অথবা আপনি ১ মিলিয়ন ডলার উপার্জন করতে চান, কারণ আপনি বিশ্ব ভ্রমণের জন্য অর্থ সংগ্রহ করতে চান। দুই পরিস্থিতিতেই আপনার উদ্দেশ্যর পেছনে একটি কারণ বিদ্যমান, যা আমাদেরকে ভেতর থেকে শূন্যতার অনুভূতি দেয়।

আমি একটি বিষয়ে আলোকপাত করতে চাই যে, উপরিউক্ত লক্ষ্যগুলোর মধ্যে কোনওটিই মন্দ নয়, এবং এগুলো না করার কোনও কারণ নেই। যদি এগুলো অনুপ্রেরণার কারণে ঘটে থাকে তবে বিষয়টি সম্পূর্ণ ভিন্ন। ভাবনার বিষয় হল, প্রেরণার উৎস। উদ্দেশ্য কখনোই সঠিক বা ভুল হয় না। এটা নির্ভর করে এর উৎস অনুপ্রেরণা না ঔদ্ধত্য। আপনি নিজে কেমন অনুভব করছেন সেটা গুরুত্বপূর্ণ। আপনি যখন লক্ষ্যের দুটি উৎস সম্পর্কে জানবেন তখন আপনার পক্ষে আপনার জীবন শান্তিপূর্ণভাবে অতিবাহিত করা অনেক সহজ হয়ে উঠবে।

যে লক্ষ্যগুলো আপনাকে নিশ্চিন্ত করবে এবং জীবনে শান্তি এনে দেবে তার উৎস হবে অনুপ্রেরণা। আপনি কখনোই কিছু করার জন্য কোনও চাপ অনুভব করবেন না বরং শান্তি অনুভব করবেন কারণ আপনি এটা করতে চান এবং মনে করেন এটা করা আপনার প্রয়োজন। আপনার কখনই মনে হবে না যে আপনি কোনও কিছু থেকে নিস্তার পাওয়ার জন্য কিছু করতে চাইছেন। কোনওরকম অভাব বোধ বা শূন্যতা বোধ আপনার হবে না বরং আপনি পরিপূর্ণতা লাভ করবেন। অনুপ্রেরণা দ্বারা চালিত হওয়ার কারণে এর কোনও কারণ আপনি খুঁজে পাবেন না। তবে আপনি সম্পূর্ণতার অনুভূতি পাবেন।

আমি অত্যন্ত নিশ্চিতভাবে বলতে পারি যে, আপনি নিশ্চয়ই দুটির মধ্যে পার্থক্য বুঝতে পেরেছেন। যদি আপনার সমস্ত উদ্দেশ্য ঔদ্ধত্য দ্বারা পরিচালিত হয়ে থাকে তবে আপনার ভয় পাওয়ার কোনও নেই, কারণ এমনটা আমারও হয়েছিল।

তবে আমরা কীভাবে কোনও উদ্দেশ্যকে ঔদ্ধত্য দিয়ে নয় বরং অনুপ্রেরণার মাধ্যমে পরিচালিত করব?

আপনি কখনোই জোর করে আধ্যাত্মিক অনুপ্রেরণা পেতে পারেন না। এটা প্রাকৃতিকভাবে আপনাকে আহ্বান জানাবে। আপনি যদি শিশুদের কথা ভাবেন, তবে জানবেন যে তাদের স্বপ্ন সবই কল্পনা থেকে তৈরি। শিশুদের এবং আমাদের মধ্যেকার পার্থক্য এই যে আমরা স্বপ্নগুলোকে বাস্তবায়িত করার চেষ্টার আগেই সেগুলোর ব্যর্থ হওয়ার কারণগুলো নিজেদের মধ্যে গেঁথে নিই।

অনুপ্রেরণা আমাদের কাছে সর্বদাই প্রবাহমান। তবে আমরা যখনই চিন্তাভাবনা করা শুরু করি, তখন আমাদের মধ্যে সন্দেহের জন্ম হয় এবং আমরা প্রবাহ থেকে বিছিন্ন হই। একটি নদী সর্বদাই প্রবাহমান যতক্ষণ না তার গতিপথ কোনও বাঁধের মুখোমুখি হচ্ছে। যখন বাঁধের ফলে প্রাকৃতিক ক্ষয়ক্ষতি হয় তখন আমরা বুঝতে পারি যে, বাঁধটি সরালে আমরা আমাদের প্রাকৃতিক সৌন্দর্য পুনরায় ফিরে পাব।

ঠিক একই বিষয় ঘটে আমাদের উদ্দেশ্য এবং মস্তিষ্কের সঙ্গে।

আমরা সর্বদা বৃহৎ লক্ষ্যের পেছনে ছুটি এবং আমরা জানি যে, চিন্তাভাবনার মধ্যে জড়িয়ে পড়ার পর আমাদের কী করা উচিত। আমরা যদি ভাবনাচিন্তা বন্ধ করে দিই তবে আমাদের স্বপ্ন এবং উদ্দেশ্য অনায়াসেই আধ্যাত্মিক অনুপ্রেরণা থেকে আসবে এবং এইভাবেই আপনি অনুপ্রেরণার মাধ্যমে লক্ষ্য নির্ধারণ করতে পারবেন।

যে প্রশ্নটা আমাকে অন্তহীন সম্ভবনার গভীরে ঠেলে দেয়, সেটা হল, 'যদি আমার কাছে অগাধ অর্থ, বিদেশ ভ্রমণের অভিজ্ঞতা, ভয়হীনতা, এই সবকিছু থাকে এবং তবুও যদি আমার আলাদা করে কোনও পরিচয় তৈরি না হয়, তবে আমি কী করব?'

যখন আমরা কোনও প্রশ্ন করি, উত্তরটা আমাদের মধ্যেই থাকে। সুতরাং যখনই আপনার মনে প্রশ্ন আসবে, আপনি মনে করবেন যে, সকল ভাবনা আপনার মধ্যে অনায়াসে আসে, তার উৎস আধ্যাত্মিক অনুপ্রেরণা।

যে প্রশ্ন প্রস্তুত করা হয়েছে তা অত্যন্ত গুরুত্বপূর্ণ কারণ তা চিন্তা, ভয় এবং সমালোচনাকে দূর করে। আপনি প্রকৃতপক্ষে কী করতে চান তার উপর এটা গুরুত্ব আরোপ করে।

এই প্রশ্নটি নিজেকে বারংবার জিগ্যেস করুন এবং দেখুন আপনি কী উত্তর পান, তবে পুনরায় নিজের চিন্তায় জড়িয়ে পড়বেন না।

যে মস্তিষ্ক ভাবনাচিন্তার মধ্যে সীমিত নয়, তার জন্য সবকিছুই সম্ভব।

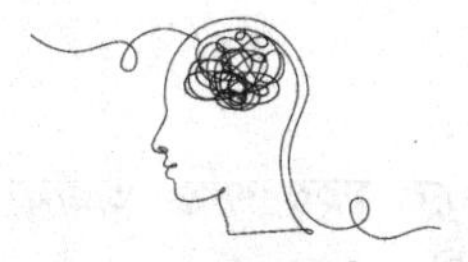

১০

শর্তহীন ভালোবাসা এবং সৃষ্টিশীলতা

“

মানব সমাজ যে মহৎ শক্তি অর্জন করতে পারে, তা হল শর্তহীনভাবে ভালোবাসার শক্তি। এরূপ পরিস্থিতিতেই মানুষ কোনোরকম সীমাবদ্ধতা, শর্ত ও গণ্ডি ছাড়া ভালোবাসতে পারে।

”

টনি গ্রীন

শর্তহীন ভালোবাসা

আমার জীবনসঙ্গী ম্যাকেনার কাছে আমি শর্তহীন ভালোবাসার সন্ধান পেয়েছি। আমার জীবনের বেশিরভাগ অংশ আমি নষ্ট করেছি প্রত্যেকটা জিনিসকে প্রশ্ন করে। আমি সবকিছুর পেছনে কারণ খোঁজার জন্য ব্যাকুল হয়ে পড়তাম। আমার জীবনে যা-ই ঘটত তার কারণ জানা আমার কাছে অত্যন্ত জরুরি ছিল। জীবনকে কার্য-কারণ সম্পর্ক ছাড়া বিচার করার ক্ষমতা আমার ছিল না।

প্রায় বছরখানেক সম্পর্কে থাকার পর আমি একদিন ম্যাকেনাকে জিগ্যেস করলাম, সে আমাকে কেন ভালোবাসে? সে অত্যন্ত স্নিগ্ধতার সঙ্গে আমাকে উত্তরটা দিয়েছিল। সে বলেছিল, সে কারণ তার জানা নেই, তবে সে এইটুকু জানে যে, আমাকে সে ভালোবাসে। তারপর সে আমাকে একই প্রশ্ন জিগ্যেস করে এবং উত্তরে আমি একাধিক কারণ তালিকাবদ্ধ করি। তার মিষ্টি হাসি থেকে শুরু করে তার স্বচ্ছ হৃদয়, পরিবারের প্রতি তার ভালোবাসা, তার বুদ্ধি— এমন অনেক কিছুই সেই তালিকায় ছিল।

আজ আমাদের সম্পর্ক ছ'বছরে পা দিয়েছে। এখনও কিছু মাস অন্তর অন্তরই আমি তাকে জিগ্যেস করি, সে আমাকে কেন ভালোবাসে এবং তার উত্তরে সে আমাকে সেই একই কথা বলে।

বিষয়টা আমাকে প্রথম প্রথম কিছুটা হলেও মনঃক্ষুণ্ণ করত। আমি পঞ্চাশের বেশি কারণ তালিকাবদ্ধ করে ফেলতে পারতাম কিন্তু সে কিছুই বলত না। এত বছর ধরে আমি তাকে এতটাই ভালোবেসেছি যে, এই বিষয় নিয়ে আমি তেমন কোনও প্রতিক্রিয়া দেখাইনি। এটা মেনে নিয়েই আমি এগিয়ে গেছি।

কিছু মাস আগে আমি আবারও জানার চেষ্টা করি যে, সে কেন আমাকে ভালোবাসার কারণগুলো বলতে পারছে না। আমি ম্যাকেনাকে কেন ভালোবাসি, তার কারণগুলো বারবার মনে করতে থাকি। তারপর আমার মনে এমন একটি ভাবনার উদ্ভব হয় যা আমার জীবন বদলে দেয়।

একদিন আমি নিজেই নিজেকে প্রশ্ন করলাম, আমি কি তাকে ভালোবাসি তার ওই মিষ্টি হাসির জন্য, নাকি সে অন্যদের সাহায্য করতে ভালোবাসে সেই জন্য? যদি একদিন এমন হয় যে, সে আর হাসল না বা আর কাউকে সাহায্য করল না, তাহলে কি আমি তাকে ভালোবাসা বন্ধ করে দেব? আমার মনে হয় যে, তাকে ভালোবাসার জন্য যদি আমি কারণ খুঁজি, তবে আমার প্রতি তার ভালোবাসা শর্তসাপেক্ষ হয়ে যায়। তা থেকে এটাই বোঝায়, যে কারণগুলোর জন্য আমি তাকে ভালোবাসি সেগুলো করা যদি সে বন্ধ করে দেয়, তবে আমি তাকে ভালোবাসা বন্ধ করে দেব। তবে বাস্তব সে কথা বলে না।

সেই মুহূর্তে আমি বুঝতে পারি যে, কেন ম্যাকেনা তার ভালোবাসার কারণগুলোর কোনও তালিকা বানাতে পারেনি। তার কাছে আমাকে ভালোবাসার জন্য কোনও কারণ ছিল না।

আমার প্রতি তার ভালোবাসা আমার ব্যাবহার বা আমার কাজের উপর নির্ভর করে না বরং তার ভালোবাসা সমস্ত কার্য-কারণের ঊর্ধ্বে। আমি তাকে ভালোবাসি বা আমি তার জন্য কী কী করতে পারব—সে আমাকে এই কারণে ভালোবাসে না। তার মনের অগাধ ভালোবাসা থেকে সে আমাকে তার কিছু অংশ শর্তহীনভাবে উপহার দিচ্ছে।

এই অনুভূতিকে কিছু শব্দ দিয়ে প্রকাশ করা আমার কাছে কঠিন হয়ে দাঁড়াচ্ছে। কারণ আমি এমন একটা বিষয়কে ব্যাখ্যা করার চেষ্টা করছি যা ব্যাখ্যাহীন।

এই উপলব্ধি থেকে আমি ম্যাকেনাকে নিঃশর্তভাবে ভালোবাসতে শিখি। আমার মধ্যে এখন ভালোবাসার পরিমাণ এতটাই বেশি যে,

তাকে আমি শর্তহীন ভালোবাসা দিতে সক্ষম। এই ভালোবাসা কোনও বহিরাগত কারণে আসে না। আসে আমাদের হৃদয়ের অন্তস্তল থেকে।

আমরা সকলেই এই বিশুদ্ধ, শর্তহীন ভালোবাসার সঙ্গে যুক্ত যা ঈশ্বর বা পরমাত্মা নামেও পরিচিত। আমাদের চিন্তা-ভাবনা এই শর্তহীন ভালোবাসা থেকে আমাদেরকে অপসারিত করে।

শর্তহীন সৃষ্টি

শর্তহীন সৃষ্টি হল সৃষ্টির সবচেয়ে শুদ্ধ পদ্ধতি। যখন কোনও বিষয় শর্তহীন ভালোবাসার ফল হিসেবে প্রতিফলিত হয় তখন আমরা তার প্রশংসা করতে বাধ্য হই। শর্তহীন সৃষ্টি সবসময় অভিনব, অনন্য এবং নতুন কিছু পথ প্রদর্শন করে। বিশেষ কিছু ব্যক্তি তা তাদের অভিজ্ঞতায় ধরতে পারেন, কারণ আমরা সবসময় নিজেদের শর্ত দিয়ে সীমিত করে তুলি।

উদাহরণস্বরূপ বলা যেতে পারে, আমরা যখন অর্থ উপার্জনের লক্ষ্য নির্ধারণ করি, তখন সেই লক্ষ্য একটি শর্তসাপেক্ষ লক্ষ্য হয়ে দাঁড়ায় কারণ, শুধুমাত্র অর্থ উপার্জনের জন্য কেউ অর্থ উপার্জন করেন না। বেশিরভাগ ব্যক্তি অর্থ উপার্জন করেন তাদের অন্যান্য চাহিদাগুলো মেটাবার জন্য।

স্বাভাবিকভাবেই তারা যে বিষয়টাকে পাওয়ার চেষ্টা করছেন সেটা শর্তসাপেক্ষ সৃষ্টি হিসাবে পরিগণিত হয়। যখন আমরা অন্য কোনও উদ্দেশ্য পূরণের জন্য কিছু করি, তখন আমরা সেই প্রক্রিয়া উপভোগ করতে পারি না কারণ এই প্রক্রিয়ার কোনও অন্ত নেই।

এই কারণেই আমাদের সবসময় মনে হয় যে, আমরা একটি লক্ষ্যের পেছনে প্রতিনিয়ত ছুটছি। লক্ষ্যটি অর্জন করার পরেও যেন আমরা তা উপভোগ করতে পারছি না এবং কিছুক্ষণের মধ্যেই আমরা অপর একটি লক্ষ্যের পেছনে আবার ছোটা শুরু করছি।

যার পেছনে আমরা প্রতিনিয়ত ছুটে গেছি, তা আসলে অনুভূতি।

আমাদের আরো অর্থ উপার্জন করতে হবে কারণ, আমরা শান্তি এবং সুরক্ষা চাইছি। পরিবারের সঙ্গে আমরা আরও সময় কাটানোর চেষ্টা করছি যাতে আমরা আরও আনন্দ ও ভালোবাসা উপভোগ করতে পারি। যা আমরা ভালোবাসি তা আমরা বারংবার করতে চাই কারণ এটা আমাদের পরিপূর্ণতার অনুভূতি দেয়। সবই অনুভূতি এবং আমরা চেষ্টা করছি সেগুলোকে আরো ভালোভাবে অর্জন করার। তবে আমরা মনে করছি যে, আমরা যদি একটা লক্ষ্য নির্ধারণ করি, তবে সেই লক্ষ্যটি আমাদেরকে এই অনুভূতির অভিজ্ঞতা আরো ভালোভাবে দিতে সক্ষম হবে।

আপাতবিরোধী বিষয়টি হল, আমরা যখন কোনও লক্ষ্য, কোনও কারণ বা শর্ত ছাড়াই নির্ধারণ করি, তখন আমরা অনায়াসেই সমস্ত ইতিবাচক অনুভূতিগুলোর অভিজ্ঞতা অর্জন করতে পারি।

শর্তহীন সৃষ্টি হল সেই পদ্ধতি যার মাধ্যমে আমরা কোনও সৃষ্টিকে অন্য কোনও উদ্দেশ্য পূরণের স্বার্থ ছাড়াই গঠন করি। না অর্থের জন্য, না যশের জন্য, না ভালোবাসার জন্য, না অন্য কোনও জিনিসের জন্য। আমরা বিষয়টিকে গড়ে তোলার চেষ্টা করি, কারণ আমরা বিষয়টির অস্তিত্ব নিজেদের জীবনে চাই। এই সৃষ্টির উৎস হল প্রাচুর্য। আমরা যখন এরূপ কোনও সৃষ্টির সম্মুখীন হই, তখন আমরা নিজেদের মধ্যে সম্পূর্ণতার আভাস পাই এবং যে ভালোবাসার অনুভূতি আমরা পেতে চাই তা আমরা সেই মুহূর্তটা থেকেই অর্জন করতে পারি।

শর্তহীন সৃষ্টির অভিজ্ঞতা আমরা তখনই অর্জন করতে পারি যখন আমরা চিন্তাহীন পরিস্থিতিতে বিরাজ করি। আমাদের মস্তিষ্ক ইঙ্গিত দেবে যে, এরকম কিছু করাটা সম্পূর্ণভাবে উদ্দেশ্যহীন কিন্তু প্রকৃত সত্য এখানেই লুকিয়ে আছে। যখন আমরা কোনও বিষয়কে কোনও কারণ ছাড়াই অর্জন করার চেষ্টা করি, তখন আমরা শর্তহীনতার মাধ্যমে জীবন যাপনের দক্ষতা লাভ করি। ঠিক এই সময়ই আমরা প্রবাহের অবস্থায় পৌঁছাতে পারি এবং পরমাত্মার সঙ্গে অন্তর আত্মার সম্পর্ক গঠনে সক্ষম হই।

১১

জীবনে সুখ, শান্তি, ভালোবাসা এবং সমৃদ্ধি উপলব্ধির পরবর্তী পদক্ষেপ কী হওয়া উচিত?

“

অত্যাধিক চিন্তাভাবনা যেকোনও বিষয়কে জটিল করে তুলতে যথেষ্ট। কোনও বিষয় যদি আশ্রয়ের মতো প্রশ্রয় দেয়, সেটাকে অনুসরণ করাটাই একমাত্র লক্ষ্য হওয়া উচিত

”

আর. এম. ড্রেক

আপনি যদি এই বইয়ের নীতিগুলি অনুসরণ করে থাকেন তবে নিজের জীবন থেকে ভাবনাচিন্তাকে অপসারিত করার মধ্য দিয়ে শান্তির পথ খুঁজে নেওয়ার বিষয়টিকে আত্মস্থ করতে সক্ষম হবেন। যদি এর অন্যথা হয়ে থাকে, তবে আমি বলব, ভাবনাচিন্তার মধ্য দিয়েই মানুষ নেতিবাচক অনুভূতিকে আহ্বান করে। যখন আপনি নিজেকে এই বিষয়টির প্রতি অবগত তুলবেন যে, নেতিবাচক চিন্তা আসলে কিছুই নয় বরং আপনার ভাবনা মাত্র, তবেই আপনি শান্তির পথে অগ্রসর হবেন।

শান্তি বা নির্বাণের অনুভূতির উপলব্ধি হয়তো আপনাকে অন্য আরো একটি চিন্তার সম্মুখীন করতে পারে এবং সেটি হল, এর পর আর কী? এই প্রশ্নটির সম্মুখীন হওয়ার সঙ্গে সঙ্গেই আপনার মনে ভিড় করতে পারে দুশ্চিন্তা এবং সন্দেহ। আমার অনেক ক্লায়েন্টের এমনকী আমার নিজেরও একটিমাত্র বিষয়ের প্রতি ভীতি এবং সেটি হল, যদি জীবনের উদ্দেশ্য থেকে বঞ্চিত হই তবে কী হবে? চিন্তার করার কোনও কারণ নেই, এটি অত্যন্ত স্বাভাবিক একটি বিষয়। এটি প্রকৃতপক্ষে নবজগরণের সূচনা।

ইতিমধ্যে সবথেকে জটিল বিষয়ের উপলব্ধি হয়েছে আপনার। অর্থাৎ আপনার জীবনকে নিয়ন্ত্রণ করা থেকে আপনার নেতিবাচক চিন্তাভাবনাকে প্রতিরোধ করা।

জীবনে শান্তি অনুভব করার পর কেন আমরা উদ্বেগ, এবং সন্দেহের গন্ডিতে আবদ্ধ হয়ে পড়ি? কারণ আমরা হাল ছেড়ে দিই। প্রকৃতপক্ষে আমাদের অহংয়ের মৃত্যু ঘটে। যখনই আমাদের অহং বাধার সম্মুখীন হয়, সে পুনরায় জীবনের ওপর নিয়ন্ত্রণ অনার চেষ্টা করে।

অহং থেকে আমরা কখনই পরিত্রাণ পেতে পারি না, যে কারণে

আপনি শান্তি অনুভব করার পরেও সন্দেহ এবং উদ্বেগের অনুভূতি আসতে পারে। সেই মুহূর্তে অহং (চিন্তা) আপনার সিংহাসন পুনরুদ্ধার করার চেষ্টায় ফিরে আসবে। কিন্তু চিন্তা করবেন না, কারণ আপনি ইতিমধ্যেই শিখেছেন যে কীভাবে আপনি আপনার অহং (আপনার চিন্তাভাবনা) দ্রুত ভেঙে ফেলতে পারেন। মনে রাখবেন যে আপনার চিন্তাভাবনাই আপনার নেতিবাচক অনুভূতির একমাত্র কারণ। মূল বিষয় হল আপনার চিন্তাভাবনাকে আপনার মনে প্রবেশ করতে বাধা দেওয়ার চেষ্টা করবেন না। তবে মনে রাখবেন যে, এটা কেবলমাত্র আপনার চিন্তাভাবনা যা নেতিবাচক আবেগের কারণ। চিন্তাভাবনাকে বাধা দেওয়া অসম্ভব কারণ তা আমাদের মধ্যে নিবিষ্ট।

উদাহরণস্বরূপ বলা যেতে পারে যে, আমরা পথ চলতে চলতে যখনই কোনও বিষাক্ত সাপের সম্মুখীন হই, আমরা আতঙ্কগ্রস্ত হয়ে পড়ি। কিন্তু, আমরা যখন বুঝতে পারি, ওটা একটা সামান্য দড়ি মাত্র, আমরা নিজেদের মনকে সুস্থির করে বিভ্রম থেকে বেরিয়ে আসি। সুতরাং, প্রথম পরিস্থিতি থেকে নিজেকে বঞ্চিত করতে না পারলেও, আমরা প্রকৃত সত্যকে মনে রেখে সবসময় নিজেদের পথে এগিয়ে যেতে পারি।

দুশ্চিন্তাগ্রস্ত হওয়ার অপর একটি কারণ হল, আমাদের নেতিবাচক চিন্তাভাবনাগুলি চালিত হয় অতিরিক্ত পরিমাণ শক্তিক্ষরণের মাধ্যমে, তবে আমরা যখন এই সমস্ত ভাবনাচিন্তাগুলোকে আমাদের অনুভূতির সর্বনাশ ঘটাতে বাধা দিই, তখন অজস্র অব্যবহৃত শক্তি আমাদের মধ্যে আনাগোনা করে, এবং এই শক্তিগুলো একটি সুপ্রতিষ্ঠিত পথের খোঁজ করে। যখন আমরা তাদের কোনও সঠিক পথ দেখতে ব্যর্থ হই তখন তারা পুনরায় তাদের পূর্ববর্তী পথ অনুসরণে ব্রতী হয়। তবে যদি আমরা তাদের কোনও অনুপ্রেরণামূলক পথে চালনা করতে সক্ষম হই, তবে আমরা আমাদের সক্রিয় শক্তিগুলোকে পুনরায় নেতিবাচক চিন্তাধারাকে আকর্ষণের হাত থেকে রক্ষা করতে পারব।

বিষয়টিকে আরো ভালোভাবে প্রতিস্থাপিত করার জন্য আপনার

সর্বপ্রথম দায়িত্ব হবে একটি লক্ষ্য নির্ধারণ করা। নির্ধারিত লক্ষ্যকে প্রাধান্য দিয়ে তাকে সঠিক পথে পরিচালিত করলে আপনার ওজস্বিতার সদ্ব্যবহার হবে, অন্যথা পুনরায় আপনি নেতিবাচক মনোভাবের প্রতি আকৃষ্ট হবেন।

এই পর্যায়ে আপনাকে একটি নির্দিষ্ট 'সক্রিয় কার্যসূচি' অনুসরণ করতে হবে, যা আপনাকে সুষ্ঠুভাবে এগিয়ে যেতে সাহায্য করবে। এই কর্মসূচির মাধ্যমে দিনের সূচনা করলে আপনি নিজেকে চিন্তার হাত থেকে দূরে রাখতে পারবেন। এটি আপনাকে দিনের শুরুতেই নিজের উদ্দেশ্যের পথে পরিচালিত করবে এবং আপনি চিন্তাভাবনা থেকে দূরে থাকবেন। এটি আপনাকে একটি ইতিবাচক দিকে গতিশীল করতে সহায়তা করে যাতে দিনের বাকি সময় চিন্তাভাবনা ছাড়া থাকাটা সহজ হয়। গতিশীল বস্তু সর্বদা গতিশীল থাকবে। যখন আমার এই উপলব্ধি ছিল না, আমি বুঝতাম না কেন আধ্যাত্মিক গুরু এবং মহান নেতারা দিনের শুরুতে তাদের কর্মসূচির নির্ধারণের ওপর বিশেষ গুরুত্ব দেন।

এখন সবথেকে আনন্দের বিষয় হল, আপনি এখন নিজের চিন্তাভাবনাকে নিয়ন্ত্রণ করার মাধ্যমে নিজের শক্তিগুলোকে সঠিক পথে পরিচালিত করার দক্ষতা অর্জন করতে পেরেছেন। এর পর আপনার কাজ হবে নিজের উদ্দেশ্য সম্পাদন করা।

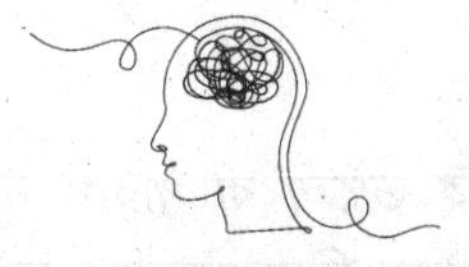

১২

কোনও কিছুই ভালো বা খারাপ নয়

“

জগতে কিছুই ভালো বা খারাপ নয়। আমাদের চিন্তাভাবনা বিষয়গুলোকে ভালো বা মন্দের তকমা দেয়

”

উইলিয়াম শেক্সপিয়ার

এই পরিপ্রেক্ষিতে একটি উপমা তুলে ধরা যেতে পারে। একটি পিয়ানোতে মোট ৮৮ টি রিড থাকে, তবে এদের মধ্যে থেকে কোনও একটি নির্দিষ্ট রিডকে আমরা কখনোই ভুল রিড বলে চিহ্নিত করি না। কিন্তু কোনও নির্দিষ্ট একটি গানের সঙ্গে পিয়ানো বাজানোর সময় যদি এমন কোনও রিড বাজানো হয়, যার গানের সঙ্গে সামঞ্জস্য নেই, তখনই সেই রিডটাকে আমরা ভুল বলে চিহ্নিত করি।

প্রকৃতপক্ষে পিয়ানোতে ঠিক রিড বা ভুল রিড বলে কোনও রিড নেই। এটি নির্ণীত হয় শুধুমাত্র সুরের মাধুর্যের উপর গুরুত্ব অর্পণ করে।

ঠিক যেমন পিয়ানোতে কোনও ভুল সুর বা রিড বলতে কিছু নেই, তেমনি আমাদের জীবনে ভুল সিদ্ধান্ত বলেও কিছু নেই। শুধুমাত্র চিন্তাশক্তি বর্তমান যা আমাদেরকে ইঙ্গিত করে কোন অনুভবটি সুখদায়ক, এবং কোনটি বেদনাদায়ক।

যেমন, যদি আমরা কোনও একটি রাজনৈতিক দলকে অকৃতকার্য বা অকর্মণ্য বলে মনে করি, তবে এই মনোভাব আমাদের মনে তাদের প্রতি নেতিবাচক ভাবনার সৃষ্টি করবে।

অথচ, যদি আমরা প্রত্যেকটি রাজনৈতিক দলকে পিয়ানোর এক একটি রিড হিসাবে গণ্য করি, তবে কোনও দলকেই আমাদের অকৃতকার্য বলে মনে হবে না। আমরা একটি বিষয়ের অন্যান্য দৃষ্টিভঙ্গিগুলোকেও পরখ করার ক্ষমতা অর্জন করি এবং জীবনের প্রকৃত সত্যগুলো জানার উদ্দেশ্যে একটি পদক্ষেপ গ্রহণ করি।

বিষয়টি ঠিক পর্বতারোহণের সময় বিভিন্ন প্রাকৃতিক দৃশ্যকে উপভোগ করার মতো। কোনও দৃশ্যই যেন দৃষ্টিকটু নয়, যেখানেই দাঁড়ানো হয়, সেখানেই প্রকৃতির অপরূপ শোভা মুগ্ধ করে দেয়।

বিভিন্ন দৃষ্টিভঙ্গি থেকে প্রকৃতিকে যেন ভিন্ন ভিন্ন রূপে উপভোগ করা যায়, যা পূর্বে কখনো দেখা যায়নি।

জগতে ভালো-মন্দ, ঠিক বা ভুল খোঁজার পরিবর্তে আমাদের সত্যকে খোঁজা প্রয়োজন। কে ঠিক কে ভুল, বা আমি ঠিক তারা ভুল, এসব বিষয়ে মনোযোগ দেওয়ার পরিবর্তে যা সত্যি তা যাচাই করাই শ্রেয়। অনেকেই মনে করেন যে, তারা সত্যকে উপলব্ধি করতে পরেছেন, তবে যা সত্য বলে প্রতীত হয় তা সবসময় সত্য হবে, এম কোনও কথা নেই।

সত্য কখনোই বিষয়ভিত্তিক বা ব্যক্তিভিত্তিক হতে পারে না। যা একজনের জন্য সত্য, অন্যের জন্য নয়, তা কখনোই সর্বজনীন সত্য নয়। সত্য তখনই সত্য যখন তা স্থানভিত্তিক বা ব্যক্তিভিত্তিক হয় না। যা স্থানভিত্তিক বা ব্যক্তিভিত্তিক, তা কখনোই সত্য নয়। সত্য খোঁজার একমাত্র উপায় হল নিজের অন্তরে সত্যকে খোঁজা। সুতরাং নিজের পারিপার্শ্বিকে অন্বেষণের চেষ্টা বৃথা।

যদি আপনি কখনো এমন কিছুর সম্মুখীন হন যা আপনাকে নেতিবাচক চিন্তাভাবনার সম্মুখীন করে তুলছে, তবে নিজের ভেতরে সর্বজনীন সত্যকে খোঁজার চেষ্টা করুন। যদি সত্যকে খোঁজার জন্য বহির্জগতের আশ্রয় নেন, তবে মহাশূন্যের মতো বিশাল এই জগতে কোথাও হারিয়ে যেতে পারেন এবং সত্যকে খোঁজার আপনার প্রচেষ্টা ব্যর্থ হয়ে যেতে পারে।

যখনই নেতিবাচক ভাবনা আপনার মনে ভিড় করবে, তখনই জানবেন আপনি কোনও ভুল ধারণাকে মনে আশ্রয় দিয়েছেন। নেতিবাচক চিন্তা দ্বারা ঘেরাও হওয়ার অর্থ, আমরা যা চিন্তা করছি সেটাকেই সত্য বলে গণ্য করা। এরূপ মুহূর্তগুলোতে আমরা সম্পূর্ণভাবে ভুলে যাই যে, আমাদের ভাবনাচিন্তা আমাদের নেতিবাচক অনুভূতিই ফল।

ভাবনাচিন্তাই যে আমাদেরকে ভিন্ন অনুভূতির সম্মুখীন করে তোলে, তা জানা আপনার জন্য অত্যন্ত প্রয়োজনীয়। এই বিষয়টি

উপলব্ধির পর যে বিষয়টির প্রতি আপনি গুরুত্ব অর্পণ করবেন তা হল, নিজের চিন্তাভাবনার সঙ্গে লড়াই না করে তার সম্বন্ধে অবগত হওয়া। তাকে সশ্রদ্ধায় আহ্বান জানাতেই আপনি দেখবেন যে, আপনার চোখের সামনে থেকে সমস্ত চিন্তাভাবনা দূর হয়েছে। এরূপ অভিজ্ঞতার ঠিক পরেই আপনি পুনরায় আপনার পূর্ববর্তী অবস্থায় ফিরে যাবেন এবং সুখ, শান্তি ও ভালোবাসার অনুভূতি ফিরে পাবেন।

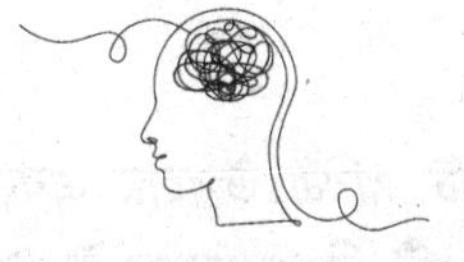

১৩

ভাবনাচিন্তা করা ছাড়া জীবনের আর কী উদ্দেশ্য আছে?

“

অন্তর্দৃষ্টি একটি পবিত্র উপহার এবং চিন্তাশীল মন
একটি বিশ্বাসযোগ্য উপাসক।
আমাদের সমাজ উপাসককে প্রাধান্য দিয়ে
উপহারের গুরুত্ব নস্যাৎ করে।

”

অ্যালবার্ট আইনস্টাইন

আগের অধ্যায়ে আমরা দেখেছি পৃথিবীতে ঠিক ভুল বলে কিছু নেই। এই অধ্যায়ে আমাদের আলোচনার বিষয় হবে, কীভাবে আমরা ভাবনাচিন্তার ঊর্ধ্বে গিয়ে জীবনযাপনের উপযুক্ত পথ অনুসরণ করব। ঠিক যেমন পিয়ানোর রিড-এ ভুল ঠিকের কোনও অবকাশ নেই, এবং সুরের সামঞ্জস্যের উপর ভিত্তি করেই রিডগুলোকে ঠিক ভুল হিসাবে চিহ্নিত করা হয়, ঠিক সেইভাবেই মানবজীবনে ঠিক বা ভুল সিদ্ধান্ত বলে কিছু হয় না। যখন ভুল এবং ঠিকের মধ্যে বেছে নেওয়ার কোনও প্রশ্নই নেই, তখন 'সঠিক'কে বাছারও কোনও প্রয়োজন নেই।

আমরা যখন কোনও সিদ্ধান্ত গ্রহণ করি, তখন ভাবনাচিন্তার উপর নির্ভর করা কখনোই বিষয়ভিত্তিক নয়। একাধিক ব্যক্তিবর্গের মতামত অনুসরণ করে আমরা দুশ্চিন্তা এবং নৈরাশ্যের শিকার হই। বেশিরভাগ সময়ে কোনও জটিল পরিস্থিতিকে সহজ করে দেখার উপায় আমাদের জানা থাকে, যাকে আমরা স্বতঃলব্ধ জ্ঞান বা 'gut feeling' বলি। যখন আমরা নিজের অন্তর্দৃষ্টির ঊর্ধ্বে বহির্জগতের কাছে ঠিক ভুলের পরামর্শ নেওয়ার চেষ্টা করি, আমরা নিজেদের ভাবনার বৈধতার বিচার করতে চেষ্টা করি, আমাদের এই পদক্ষেপই আমাদের মনে নেতিবাচক চিন্তার সৃষ্টি করে এবং আমাদের অন্তর্দৃষ্টিকে দুর্বল করার চেষ্টা করে।

আপনার হিতে সিদ্ধান্ত নেওয়ার জ্ঞান এবং ক্ষমতা আপনার মধ্যেই বর্তমান। সংসারের অপর কোনও ব্যক্তির সেই ক্ষমতা নেই। কোনও পরামর্শদাতারও এমন ক্ষমতা নেই, এবং যারা প্রকৃত পরামর্শদাতা তারা সবসময় আপনাকে নিজের অন্তরাত্মার ডাক শোনার পরামর্শ দেবেন। ঠিক এই কারণেই আমরা অনেকসময় অপরাধবোধে ভুগি, যখন আমরা অন্তরাত্মার সাড়া অবহেলা করে অন্যের পরামর্শ অনুযায়ী

পথ চলি, তার ফলাফল আমাদের অনুমানস্বরূপ হয়।

আপনার অন্তরাত্মা আপনাকে সবসময় সঠিক পথের দিশা দেখাবে। এটা একটা GPS-এর মতো আপনাকে সঠিক পথে এগিয়ে যেতে সহায্য করে। তবে কোন পথ আমাদেরকে উদ্দেশ্যের দিকে পরিচালিত করবে তার নিশ্চয়তা নেই। যাত্রাপথে অজস্র বাধা আপনাকে ভ্রমিত করতে পারে, তবে আপনার অন্তর্দৃষ্টি আপনাকে কখনোই উদ্দেশ্যচ্যুত করবে না।

বিশেষ দ্রষ্টব্য

সমাজ কখনো আপনার অন্তর্দৃষ্টিকে বৈধ বলে গণ্য করবে না, যদি সেটা মূলধারার অন্তর্গত না হয়। ফলস্বরূপ, আপনাকে নেতিবাচক প্রতিক্রিয়ার সম্মুখীন হতে হবে এবং আপনাকে অসংখ্য উপদেশ দেওয়া হবে। তবে আপনার উদ্দেশ্য হবে সমস্ত বহিরাগত মন্তব্যকে তুচ্ছ করে নিজের মনের কথা শোনা। নিজের অন্তরাত্মার ডাকে সাড়া দিলে আপনি আপনার জীবনে চমৎকারের আভাস পাবেন, যা আপনি কখনো আশা করেননি হয়তো। নিজের মনের ডাকে সাড়া দেওয়ার ক্ষমতা আপনি অর্জন করলে জগতের সমস্ত সুখ, শান্তি ও ভালোবাসা আপনাকে সমৃদ্ধ করে তুলবে।

তবে আমরা কীভাবে জানব আমাদের কী করা উচিত?

আমাদের কী করা উচিত তা আমরা জানি, তবে আমরা সেগুলোর প্রয়োগ করতে ভয় পাই। উদাহণস্বরূপ বলা যেতে পারে, যখন আমরা ওজন কমানোর চেষ্টা করি, তখন আমরা অন্যদের উপদেশের উপর ভরসা করায় বিশ্বাস করি, বাস্তবে আমরা নিজেরাও জানি যে ওজন কমানোর উপায়গুলো কী। আমরা নিজেদের উপর ভরসা না পাওয়ার ফলে অন্যদের উপদেশের আশা করি।

প্রথমেই জানতে হবে যে, আপনি যা জানেন সেটাই শ্রেষ্ঠ জ্ঞান। আপনি সেটা প্রয়োগ করতে ভয় পাচ্ছেন, কারণ আপনি নিজেকে

বিশ্বাস করেন না। যদি আপনি নিজেকে ভরসা করার সত্ত্বেও সঠিক সিদ্ধান্ত নিতে না পারেন, তবে আপনার পরবর্তী পদক্ষেপ হবে অন্তরাত্মার ডাকে সাড়া দেওয়া। নিজেকে অজস্র ভাবনার জন্য প্রস্তুত করতে হবে এবং নতুন ধারণা গঠনের ক্ষমতা অর্জন করতে হবে।

হেনরি ফোর্ড বলেন, 'যদি আপনার মনে হয় যে আপনি সক্ষম বা অসক্ষম তবে আপনার সিদ্ধান্তই সঠিক।' আমরা যদি নিজেকে অক্ষম মনে করি, তবে আমরা আমাদের ধারণার সমস্ত পথ বন্ধ করে দিই। অপরপক্ষে যখন আমরা সমস্ত বাধাবিপত্তির সম্মুখীন হই এবং নিজেকে সক্ষম মনে করি, আমরা অজস্র ইতিবাচক সম্ভাবনাকে আহ্বান জানাই এবং যে প্রশ্নের উত্তর আমরা চাই, তা পেতে পারি।

সংক্ষেপে বলা যেতে পারে, আপনাকে জানতে হবে যে আপনি আপনার সমস্ত সমস্যার সমাধানের উপায় জানেন। এবং যদি না জেনে থাকেন, তবে জানবেন যে, আপনি যা জানতে চান তা জানা আপনার পক্ষে কোনও বিশেষ ব্যাপার নয়।

যদি আপনি জানেন যে, আপনি কী জানতে চান, তবে আপনার পক্ষে উত্তর খোঁজা জটিল কোনও বিষয় নয়। আপনাকে নিজের প্রজ্ঞার উপর বিশ্বাস রাখতে হবে। আপনাকে জানতে হবে যে, আপনার জ্ঞান সর্বদাই আপনাতে বিরাজমান এবং আপনাকে আপনার জ্ঞানের উপর বিশ্বাস রাখতে হবে।

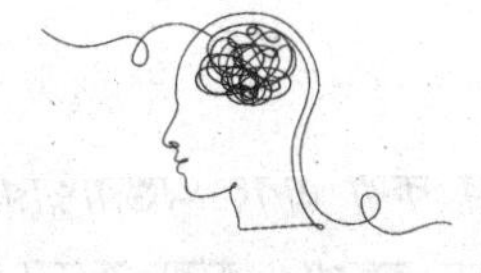

১৪

নিজের প্রজ্ঞাকে কীভাবে অনুসরণ করবেন?

“

নিজের মনের কথা এবং অন্তরাত্মার ডাকে সাড়া দেওয়ার সাহস রাখো। তারা জানে তুমি আসলে কোন পথে এগোতে চাও। বাকি সবই নগণ্য।

”

স্টিভ জোবস

আগের একটি অধ্যায়ে আমরা আলোচনা করেছি যে, জগতে বেঁচে থাকার জন্য আমাদের ভাবনাচিন্তার প্রয়োজন নেই, তবে ভাবনাচিন্তা ছাড়া কীভাবে জীবনযাপন করা যায় তা একটি ভাবনার বিষয়। 'প্রবাহ'-এর পরিস্থিতি আমাদের পারিপার্শ্বিকের সঙ্গে আমাদের একীভবনের কথা বলে। বলা যেতে পারে, এরূপ অবস্থা আমাদেরকে পরমাত্মা/বিশ্ব ব্রহ্মাণ্ড/ অসীম বুদ্ধিমত্তার সঙ্গে সরাসরি মিলিয়ে দেয়।

পরমাত্মার সঙ্গে আমাদের এই সংযোগ ভাবনাচিন্তার মাধ্যমে ব্যাহত হয় এবং দুশ্চিন্তা, পরাজয়, ক্রোধ, বিষণ্ণতা ইত্যাদি নানান নেতিবাচক অনুভূতি আমাদের মনে ভিড় করে। এই কারণেই অনেক ধর্মে পরমাত্মার সঙ্গে অন্তরাত্মার বিচ্ছিন্নতাকে নরকের সঙ্গে তুলনা করা হয়।

বিষয়টিকে আরো সরল করার জন্য আমি এই পর্যায় থেকে 'প্রবাহ'কে 'চিন্তাহীনতা' বলে সম্মোধন করব। এই পর্যায়ে 'চিন্তাহীনতা'-কে অসীম বুদ্ধিমত্তাও বলা যেতে পারে।

অনেকেই চিন্তাহীনতাকে তাদের প্রিয় কার্যকলাপ হিসাবে গণনা করেন। এটি সত্যের ঊর্ধ্বে। আমরা চিন্তাহীনতাকে যেকোনও সময় অনুভব করতে পারি। তবে একমাত্র বর্তমান সময়ে থেকেই আমরা চিন্তাহীনতার পরিস্থিতিতে পৌঁছাতে পারি। আমরা সত্যকে তখনই জানতে পারি যখন আমার বর্তমানে বিরাজমান। যখন আমারা ভাবনাচিন্তার মধ্যে থাকি, তখন অতীত বা ভবিষ্যতে বিরাজ করি। সত্যকে জানার মূল উপায় হল বর্তমানে উপস্থিত থাকা। একারণেই আধ্যাত্মিক পরামর্শদাতারা বর্তমানে থাকার জন্য সর্বদাই প্রার্থনা বা ধ্যান (মেডিটেশন)-এর উপদেশ দেন। বাইবেল অনুসারে, মোজেস যখন ঈশ্বরকে জিগ্যেস করেন তিনি কে? তখন ঈশ্বর তাকে নিজের

অতীত বা ভবিষ্যতের পরিচয় না দিয়ে বর্তমান পরিচয় দেন। যা সত্য, তা অনুভব করা যায় একমাত্র বর্তমান মুহূর্তে।

যখন আপনি নিজের প্রজ্ঞাকে অনুসরণ করছেন তখন আপনার নিজের উপর বিশ্বাস রাখতে হবে এবং সত্যকে জানার জন্য যে অন্তর্দৃষ্টি প্রয়োজন তার অস্তিত্ব যে আপনার মধ্যেই বর্তমান, সে বিষয়েও অবগত হতে হবে। এই বিশ্বাসই হল 'চিন্তাহীনতা' বা 'প্রবাহ'-এর পরিস্থিতি।

চিন্তাহীনতাকে কীভাবে বাস্তব জীবনে প্রতিফলিত করা যায় সেই বিষয়টিকে অনুধাবন করা যাক। আপনার অন্তর্দৃষ্টির সাড়া অনুসরণ করা কীভাবে সম্ভব এবং আপনার প্রজ্ঞার স্বরূপ কেমন?

যখন আপনি আপনার অন্তর্দৃষ্টিকে অনুসরণ করছেন তখন আপনি একটি ভিন্ন জগতের বাসিন্দা যা আপনার প্রকৃত অস্তিত্ব থেকে সম্পূর্ণ ভিন্ন। আপনি চিন্তাহীনতা বা প্রবাহের পরিস্থিতিতে রয়েছেন এবং আপনি সরাসরি ঈশ্বরের সঙ্গে যুক্ত হয়েছেন। এই স্থিতিতে আপনি কোনও ভাবনাচিন্তা ছাড়াই সঠিক পথে এগিয়ে যাবেন। আপনি আপনার নিজস্বতাকে ভুলে যাবেন এবং জীবনের সঙ্গে সমান তালে চলবেন। আপনি এই পরিস্থিতিতে বিভিন্ন চমৎকারের অনুভূতি পেতে পারেন। সবকিছু অনায়াসে নিজ স্থানে উপস্থিত হয় এবং সবকিছুই যেন অবিশ্বাস্য বলে মনে হয়। আপনার কৃতিত্ব অর্জনের হার বৃদ্ধি পায়। আপনার কাছে সুখ, শান্তি ও ভালোবাসা সবই সুলভ মনে হয়।

সমস্ত ব্যক্তির জীবনেই এধরনের অভিজ্ঞতার আবির্ভাব ঘটেছে। তবে সকলের পক্ষে এরূপ স্থিতি দীর্ঘকালের জন্য ধরে রাখা সম্ভব নয়। সকলের জীবনে বাধা হিসেবে তাদের ভাবনাচিন্তারা পথ আগলে দাঁড়ায় এবং তাদের প্রবাহের পথটি রুদ্ধ হয়। তারা মনে করেন তাদের জীবনের পথ তাদেরকেই প্রশস্ত করতে হবে, এবং এমনটি ভেবে তারা চমৎকারের পথগুলো বন্ধ করে দেন।

তবে বাস্তবে বিষয়টি একটু অন্যরকম। আমাদের প্রকৃতপক্ষে কিছুই করার প্রয়োজন নেই, কারণ আমাদের সীমিত চিন্তাশক্তি কখনোই

আমাদেরকে আমাদের উদ্দেশ্যের পথ প্রদর্শন করতে পারে না।

যখনই আমরা ভাবনাচিন্তার মাধ্যমে নিজেদের ভালো-মন্দের দায়িত্ব নিতে শুরু করি, আমরা ঈশ্বর নির্ধারিত সিদ্ধান্তগুলোকে নাকচ করি এবং নিজেদেরকে সমস্যার মুখে ঠেলে দিই।

সবথেকে গুরুত্বপূর্ণ বিষয় যা আমাদের বোঝা দরকার সেটা হল, বিধাতার ঊর্ধ্বে আমাদেরকে কখনোই তাকে জানার প্রয়োজন হয় না। আমাদের যা করণীয় তা হল, নিজের প্রজ্ঞার প্রতি বিশ্বাস রেখে তার প্রদর্শিত পথে এগিয়ে চলা। যখন আপনি কোনও সমৃদ্ধশালী ব্যক্তিকে তার কৃতিত্বের কথা জিগ্যেস করবেন, তারা সবসময় নিজেদের চেষ্টা এবং বিধাতার দান এই দুটি বিষয়ের উল্লেখ করবেন। তারা নিজেদের ঊর্ধ্বে বিরাজমান যে শক্তি তার উপর বিশ্বাস রেখে এগিয়ে গেছেন।

আমাদের জীবনে এমন অনেক কিছুই রয়েছে যা আমাদের নিয়ন্ত্রণের বাইরে এবং আমরা যা নিয়ন্ত্রণ করতে পারি তা এর কাছে নগণ্য। তবে কখনোই এটা বলা উচিত নয় যে, যেহেতু আমরা আমাদের জীবনকে নিয়ন্ত্রণ করতে পারি না, তাই আমাদের থেমে যাওয়া উচিত, বরং বাস্তবটা সম্পূর্ণ তার বিপরীত। যখন আমরা ধরে নিই যে আমাদের হাতে কিছুই নেই, এবং সবকিছু আপন ছন্দে চলার জন্য ছেড়ে দিই তখন আমরা সমস্তরকম বোঝা ও পীড়া থেকে মুক্ত হই। আমরা বুঝতে শুরু করি যে, জীবনে যা যা হয়েছে তা সবই আপনাকে সেই ব্যক্তিতে পরিণত করতে সাহায্য করেছে যা আপনি সবসময় হতে চেয়েছিলেন। যা যা ঘটেছে, তার অন্যথা হলে হয়তো আপনি আজ আপনার জায়গাতে থাকতেন না, বা যে জায়গায় থাকতেন তা হয়তো আপনার আশানুরূপ কখনোই হতো না। পরিকল্পনা করে আমরা কোনও ফল পাই না, এবং পরিকল্পনা ছাড়াই আজ আমরা এতদূর পৌঁছেছি, একেই বলা হয় চমৎকার।

এই বিষয়টি সত্য যে আমরা আমাদের জীবনের কোনও কিছুকেই নিয়ন্ত্রণ করতে পারব না, তবে একটি বিষয় যা আমাদের নিয়ন্ত্রণাধীন, তা হল আমরা চিন্তাভাবনা করব কি না। আমাদের জীবনের অভিজ্ঞতা

আমরা সম্পূর্ণরূপে বদলে দিতে পারি এবং তা তখনই সম্ভব যখন আমরা চিন্তাভাবনাকে দূরে ঠেলে দেব। আমাদের জীবনের উদ্দেশ্য হল মানসিকভাবে সুখী হওয়া, এবং মানসিক সুখই আমাদের মনে প্রকৃত আনন্দ এনে জীবনকে পরিপূর্ণ করতে পারে।

আমরা আমাদের জীবনে কী চাই সেটা আমরা কিছু অংশে কল্পনা করতে পারলেও, কীভাবে সেটা আমরা অর্জন করতে পারব সেই বিষয়ে মাথা ঘামানো শুরু করলেই আমরা বিষয়গুলোকে জটিল করে তুলব। কিছু পাওয়ার জন্য আপনি আপ্রাণ চেষ্টা করতেই পারেন, তবে আপ্রাণ চেষ্টা কখনোই সাফল্যের একমাত্র চাবিকাঠি হতে পারে না। কীভাবে আপনি আপনার উদ্দেশ্যে পৌঁছবেন সে বিষয়ে আপনার প্রচেষ্টার প্রয়োজন খুবই নগণ্য। আপনার কাজ আপনার উদ্দেশ্য নির্ধারণ করা, সেখানে কীভাবে পৌঁছবেন তার দায়িত্ব বিধাতার, কারণ আমাদের সীমিতশক্তিসম্পন্ন মস্তিষ্কের পক্ষে এরূপ সিদ্ধান্ত গ্রহণ করা কখনোই সম্ভব নয় বরং এবিষয়ে যেকোনও প্রচেষ্টা ব্যর্থ হবে।

নিজেদের মস্তিষ্কের কার্যকলাপগুলোকে নিয়ন্ত্রণ করতে গিয়ে আমরা কায়ক্লেশে জড়িয়ে পড়ি। পরিবর্তে আমরা যদি আমাদের অন্তর্দৃষ্টিকে বিশ্বাসের ক্ষমতা রাখি তবে আমরা তাই পাব যা পেতে চেষ্টা করছি। আমাদের চেষ্টা হওয়া উচিত চিন্তাহীনতার স্থিতিতে বাস করা, যা আমাদেরকে সেই অসীম শক্তির সঙ্গে যুক্ত হতে সাহায্য করবে। আমরা ঠিক তা-ই লাভ করব যা আমরা চাই।

এগিয়ে যাওয়ার পথ তখনই পাওয়া সম্ভব, যখন আমরা পথ চলা শুরু করব। পথ চলা শুরু করার সঙ্গে সঙ্গেই যে আমাদের সামনে সম্পূর্ণ পথটি প্রশস্ত হয়ে যাবে তা নয়। এমনটি হলে হয়তো বিধাতার উপর কেউ বিশ্বাস রাখতে পারবে না।

আমাদেরকে সম্পূর্ণ বিশ্বাস রাখতে হবে নিজের উপর যাতে আমরা নিজেদের উদ্দেশ্যে পৌঁছাতে পারি। আমাদের উদ্দেশ্য অর্জন করার পথ আমাদের চাহিদা অনুসারে না হলেও, আমরা যা চেয়েছি

তা নিশ্চয়ই হবে। কিন্তু তার উপায় একটিই, নিজের উপর ভরসা রাখা।

আমাদের অন্তর্দৃষ্টি ও প্রজ্ঞা আমাদেরকে প্রতিনিয়ত পরামর্শ দিয়ে চলেছে। আপনি আপনার মনের ডাক সবসময় শুনতে পারবেন এবং আপনার মন সর্বদা আপনাকে সঠিক পরামর্শ দেবে। আপনি যখন নিজের কর্মস্থান ত্যাগ করার কথা ভাবেন, কাউকে ক্ষমা করার কথা ভাবেন, কারোর সঙ্গে সম্পর্ক গড়ার বা ভাঙার কথা ভাবেন, এই সবই আপনার প্রজ্ঞার ডাক। আপনার সঙ্গে কি এমন কখনো হয়েছে যে আপনার কিছু করার কথা মনে এসেছে যার কোনও কারণ বা উদ্দেশ্য কিছুই নেই, তবুও আপনি সেটা করার পর একটা ভালো ফল পেয়েছেন যা আপনার চমৎকার বলে মনে হয়েছে? একেই বলে হয় অন্তর্দৃষ্টি।

আমাদের প্রজ্ঞা অনেকসময় ভাবনারূপে সাড়া দিতে পারে, তবে ভাবনা এবং চিন্তার মধ্যেকার পার্থক্য জানতে হবে। ভাবনা একটি স্বতঃস্ফূর্ত ধারণা যা আসে অনায়াসে, অপরপক্ষে চিন্তা এমন একটি বিষয় যা আমাদের বিতৃষ্ণার কারণ হয়ে আমাদের অতিষ্ঠ করে তুলতে পারে। এমনকী আমাদের নেতিবাচক অনুভূতির কারণও হয়ে দাঁড়াতে পারে। আপনি যখন বিধাতার কাছ থেকে সাড়া পাবেন, সেই ইঙ্গিতের কোনও কারণ বা যৌক্তিকতা খুঁজে পাবেন না। আপনার কাছে সেটা অর্থহীন বলে মনে হবে, তবে এই অনিশ্চয়তার সত্ত্বেও আপনি যখন আপনার উদ্দেশ্যে সঠিকভাবে পৌঁছবেন, আপনার কাছে সেটা চমৎকার বলে মনে হবে।

আপনার প্রজ্ঞা আপনার যৌক্তিকতা খণ্ডন করবে এবং এর জন্য আপনাকে তৈরি থাকতে হবে। আপনার প্রজ্ঞা আপনাকে যেকোনও স্থানে যেকোনও ব্যাক্তির সঙ্গে পরিচয় করার জন্য ঠেলে দেবে এবং দেখবেন সেই ব্যাক্তির সঙ্গে এক সুন্দর বন্ধুত্ব তৈরি হয়ে যাওয়ার ফলে, আপনার কোনও এক বিপদের সময় সে আপনার পাশে এসে দাঁড়িয়েছে। আপনার প্রজ্ঞা আপনাকে ঠিক সেই দিকে পরিচালিত

করবে যেদিকে গেলে আপনি একটি সুষ্ঠু ফল পাবেন। এগুলো হল কিছু উদাহরণ যা আপনাকে আপনার অন্তরাত্মার ডাকে সাড়া দেওয়ার জন্য উৎসাহিত করবে।

তবে কেন সকলে তাদের প্রজ্ঞা-প্রদর্শিত পথ অনুসরণ করেন না যখন এটাই সমৃদ্ধির একমাত্র পথ?

প্রজ্ঞা অনেকসময় ভয়াবহ মনে হতে পারে, কারণ আমাদের প্রজ্ঞা যা নির্দেশ করে তা সকলেরই অজানা। আধ্যাত্মিক শক্তি দ্বারা পরিচালিত হওয়ার ফলে এটি সবার কাছেই অজানা। আমাদের প্রকৃতি এমনই যে অজানাকে ভরসা করতে ভীত হই, কারণ আমরা এর ফল কী হবে তা জানি না। তবে না জানার কারণেই যখন অসাধ্য সাধন হয় তখন সেগুলোকে চমৎকার বলে মনে হয়। এই কারণেই আমাদের একমাত্র জানার বিষয় হল, আমরা কী চাই। সেটা কীভাবে পাব তার দায়িত্ব আমাদের নেওয়ার প্রয়োজন নেই।

এরূপ চমৎকারের অভিজ্ঞতা আপনি তখনই করতে পারবেন, যখন আপনি ভাবনাচিন্তা ত্যাগ করবেন। যখনই আমরা ভাবনাচিন্তার আশ্রয় গ্রহণ করি, তখন আমরা দুশ্চিন্তাগ্রস্ত হয়ে পড়ি। আমরা আমাদের প্রতিক্রিয়াগুলোর ফলাফল জানতে চেষ্টা করি যা আমাদেরকে শান্তির পথ থেকে সরিয়ে আনে। আমরা যখন কোনও ফলাফলের উদ্দেশে একটি পথ তৈরি করি তখন আমাদের সীমিত চিন্তাশক্তি আমাদেরকে সঠিক পথ দেখাতে সক্ষম হয় না। আমরা যদি আমাদের প্রজ্ঞার ডাকে সাড়া দিতে শুরু করি তবে আমরা অজানার উদ্দেশ্যে পড়ি দিলেও জানব যে, আমরা সঠিক পথে এগোচ্ছি। আমরা তাই পাব, যা আমরা কখনো আশা করিনি যে পাব।

সবশেষে বলা যেতে পারে যে, আপনার প্রজ্ঞা আপনাকে সঠিক পথে পরিচালিত করবে। তবে আপনাকে ভাবনাচিন্তা ত্যাগ করতে হবে। আপনার চিন্তাশক্তি আপনাকে প্রতিনিয়ত ভয় দেখাবে যে, আপনি অজানা পথে এগোচ্ছেন। কিন্তু আপনাকে এটুকু জানতে হবে যে, আপনার ভাবনাচিন্তাই আপনাকে এমনটি ভাবতে বাধ্য

করছে। আপনাকে বিশ্বাস করতে হবে যে, আপনি যে ভয় পাচ্ছেন আপনার প্রজ্ঞা সেই ভয়কে আপনার সাহসে পরিণত করতে সাহায্য করবে। আপনার প্রজ্ঞা আপনাকে যে পথে নিয়ে যাবে, আপনাকে তা অনুসরণ করতে হবে এবং আপনি অনায়াসে আপনার ভয়ের থেকে মুক্তি পাবেন। যখন আপনি স্বীকার করবেন যে, ভয় আদতে কিছুই না বরং আপনার চিন্তার প্রতিফলন, তখন আপনি প্রকৃত শান্তি খুঁজে পাবেন। আপনি যখন এরূপ অভিজ্ঞতা লাভ করবেন, আপনি এর থেকে বেরিয়ে অন্য কোথাও যেতে চাইবেন না এবং নিজের জন্য এর থেকে উপযুক্ত পরিস্থিতি কখনোই আশা করতে পারবেন না।

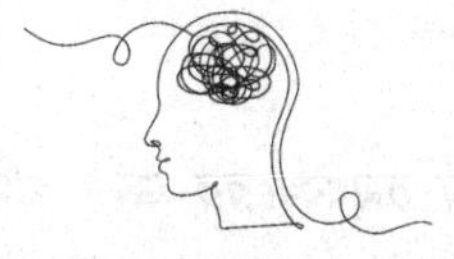

১৫

চমৎকারের জন্য পথ প্রশস্ত করুন

“

আজ আমি চমৎকারের জন্য পথ ছেড়েছি। চমৎকার কতটা বৃহৎ তা গুরুত্বপূর্ণ নয়, বরং আমি সেই চমৎকারটা ঘটানোর জন্য কীভাবে পথ সাজিয়েছি তা বেশি গুরুত্বপূর্ণ।

”

কাইলি গ্রে

জেন মাস্টার এবং একজন পণ্ডিতের কাহিনি—তোমার কাপটা খালি করো

জেন মাস্টার নামক একজন জ্ঞানী ব্যক্তি ছিলেন যার কাছে দূর-দূরান্ত থেকে মানুষ ছুটে আসতেন সাহায্যের জন্য। তিনি তার শরণার্থীদের সঠিক পথ দেখাতেন। একদিন একজন পণ্ডিত তার কাছে উপস্থিত হলেন এবং জেন মাস্টারের ব্যাপারেই জানার আগ্রহ প্রকাশ করলেন।

শিক্ষাদানের সময় পণ্ডিত তার নিজের মতামত এবং জ্ঞানের পরিচয় দিতে থাকলেন। তিনি বারংবার মাস্টার জেনকে উপেক্ষা করতে শুরু করলেন এবং তার কথা শোনার প্রয়োজন বোধ করলেন না। তখন মাস্টার জেন তাকে বললেন, চলুন, চা পান করার যাক।

মাস্টার জেন তার অতিথিকে এক কাপ চা পরিবেশন করলেন। কাপটা সম্পূর্ণ ভর্তি হওয়ার সত্ত্বেও তিনি ততক্ষণ চা ঢালতে থাকলেন যতক্ষণ না চা-টা টেবিলের উপর উপচে পড়ে। পণ্ডিত ব্যক্তি মাস্টার জেনকে সাবধান করে বললেন, 'দাঁড়ান! কাপটা যে ভর্তি হয়ে গেছে, আপনি কি সেটা দেখতে পারছেন না?' মাস্টার জেন তখন উত্তর দিলেন, 'আপনি একদম ঠিক বলেছেন। আপনি ঠিক এই কাপটার মতোই। আপনার মধ্যে অজস্র জ্ঞান বিদ্যমান। আপনি আমার কাছে সেদিন আসবেন যেদিন আপনার কাছে একটি খালি কাপ থাকবে।'

'শূন্য'-এর কোনও সংজ্ঞা নেই, কারণ তা শূন্য। আমরা যখন বিশ্বব্রহ্মাণ্ড এবং কোয়ান্টাম ফিজিক্স নিয়ে আলোচনা করি, তখন

জানতে পারি যে সবকিছুর উৎস হল শূন্য। যেখানে উৎস আছে সেখানে শূন্যতা বর্তমান। একইভাবে যখন আপনি কোনও নতুন ধারণা নিজের মস্তিষ্কে রোপন করতে চাইছেন তখন আপনাকে তার জন্য শূন্যস্থানের ব্যবস্থা করতে হবে। ঠিক চায়ের কাপটির মতো যদি আপনার মস্তিষ্ক ধারণা দিয়ে পূর্ণ থাকে, তবে আপনি নতুন কোনও বিষয় জানার ইচ্ছা পূরণ করতে সক্ষম হবেন না। এই শূন্যস্থান আমরা তৈরি করতে পারব যখন আমরা ভাবনাচিন্তা থেকে মুক্ত হব। যখন আমরা শ্বাসরোধকারী ভাবনাগুলির চর্চায় ব্যস্ত হয়ে পড়ি তখন আমাদের কাছে নতুন কোনও ধারণাকে ধারণ করার ক্ষমতা থাকে না। যে প্রশ্নগুলো আমাদেরকে আমাদের চিন্তাধারা পরিবর্তনের নির্দেশ দেয় সেগুলোর চর্চার মাধ্যমে আমরা আমাদের মস্তিষ্কে শূন্যস্থান গঠন করতে পারি।

শূন্যতার এই শূন্যস্থানেই সমস্ত চমৎকারের সূচনা হয়। একজন মহান ক্রীড়াবিদ জানেন যে, তাকে তার দক্ষতা প্রমাণের জন্য অনেক কঠিন অনুশীলনের মধ্যে দিয়ে যেতে হবে। কিন্তু যিনি সর্বশ্রেষ্ঠ ক্রীড়াবিদ তিনি জানেন যে, কঠিন অনুশীলনের সঙ্গে সঙ্গে তাকে সমান পরিমাণ বিশ্রামও নিতে হবে এবং তবেই তিনি সমানভাবে প্রত্যেকবার নিজের দক্ষতা প্রমাণ করতে পারবেন। তাদের বিশ্রামের সময়টুকুতে তায়া একটি শূন্যস্থান তৈরি করেন, যা পরবর্তী পর্যায়ের পরিশ্রমের জন্য তাদেরকে প্রস্তুত করে।

যখন টমাস এডিসন কোনও সমস্যার সম্মুখীন হতেন তখন তিনি তার চেয়ারে বসে বিশ্রাম নিতেন এবং তার হাতে দুটো স্টিলের বল রাখতেন। যখন তিনি গভীর ঘুমে আচ্ছন্ন হতেন এবং বলগুলো তার হাত থেকে পড়ে যেত, তখন তার মাথায় নতুন ভাবনার আবির্ভাব হতো। সবকিছুই আসে শূন্যতা থেকে এবং এডিসন তা বুঝতে পেরে তীব্র প্রচেষ্টার বদলে নতুন চিন্তার আভির্ভাবের জন্য শূন্যস্থান তৈরি করতে শুরু করেন। কারণ তিনি জানতেন যে পুরোনো চিন্তাভাবনাগুলো তাকে নতুন পথ প্রদর্শনে সক্ষম নয়।

'আমরা নতুন সমস্যাগুলোকে পুরোনো চেতনা দ্বারা নির্মূল করতে অক্ষম।'

—আলবার্ট আইনস্টাইন

আইনস্টাইন শূন্যস্থান তৈরির বিষয়ে কিছু ভিন্ন এবং অদ্ভুত পন্থা ব্যবহার করতেন, তবে তার পন্থাগুলো কিছুটা এডিসনের মতোই ছিল। তিনি যখন কোনও সমস্যার সমাধান খুঁজতে ব্যর্থ হতেন তখন তিনি ভায়োলিন চর্চা করতেন। ভায়োলিন চর্চা করতে করতেই তিনি তার সমস্যাগুলোর সমাধান পেয়ে যেতেন এবং সমাধানগুলো তার মনে আসত অনায়াসেই। তিনি নিজের এবং বিশ্বব্রহ্মাণ্ডের মধ্যে একটি সম্পর্ক স্থাপন করতে পেরেছিলেন এই চিন্তাহীনতার মাধ্যমে।

আমাদের সবসময় সবকিছু নিয়ে ভাবার প্রয়োজন নেই। এমনকী কিছু ব্যক্তি যাদেরকে আমরা সর্বজ্ঞানী হিসাবে জানি, তারাও এই পন্থায় বিশ্বাসী ছিলেন। তবে আমরা যারা সাধারণ মানুষ, তারা কেন এই বিষয়ে অবগত নই?

আমরা তাদের থেকে আলাদা নই। সঠিক বোধশক্তির প্রয়োগ করে আমরাও সমাধানের আভাস পেতে পারি। আমরা চিন্তাহীনতার ধারণা থেকে বঞ্চিত এবং এই ধারণা আমাদেরকে একটি ভিন্ন জীবনের স্বাদ এনে দিতে পারে।

যখন সমস্যা বা জটিলতা ঘিরে ধরে তখন ঐশ্বরিক সংকেত পাওয়ার পদ্ধতি

১. আপনাকে জানতে হবে যে, আপনার চিন্তাভাবনাই আপনার সমস্ত সমস্যার মূল।

২. যেকোনও স্বতঃস্ফূর্ত চিন্তাভাবনাকে ত্যাগ করে নিজের প্রজ্ঞাকে জ্ঞানের প্রকৃত উৎস মনে করুন। কেন এবং কখন, এই দুটি চিন্তা ত্যাগ করলে আপনি সমস্ত উত্তর পাবেন।

৩. যেকোনও অনুভূতি যা আপনার কাছে ধরা দেয়, তার কাছে নিজেকে সঁপে দিন। আপনার মনে যা আসছে তার সম্মুখীন হোন। আপনি আপনার উত্তর পেয়ে যাবেন।

কোনও বিষয় যখন সাধারণ বলে মনে হয়, তখন তা শুভ। সত্য সর্বদা সাধারণ। যদিও সাধারণ হলেও তা সর্বদা সহজ নয়। এমনকী মহান আধ্যাত্মিক গুরুরাও অনেক সময় সমস্যার সম্মুখীন হন। গুরুত্বপূর্ণ বিষয় এই নয় যে, আমরা চিন্তাভাবনার ফলে জর্জরিত, বরং চিন্তার বিষয় এই যে, যখন আমরা জানতে পারছি যে আমরা চিন্তায় জর্জরিত, তখন আমরা কোন পদক্ষেপ গ্রহণ করছি। যখন আপনি প্রতিনিয়ত এবিষয়ে সতর্ক থাকবেন যে, আপনাকে চিন্তামুক্ত থাকতে হবে, তখনি আপনার সমস্ত সমস্যার সমাধান অবধারিত।

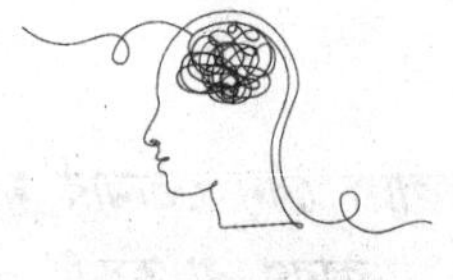

১৬

যখন আপনি নিশ্চিন্ত জীবনযাপনের পথ খুঁজে নেন (সম্ভাব্য জটিলতা)

“

অন্যের কার্যকলাপ যেন তোমার মনের অশান্তির কারণ না হয়।

”

দলাই লামা

আপনি চিন্তাহীনতার পথে চলাকালীন অনিবার্যভাবে কিছু বাধাবিপত্তির সম্মুখীন হবেন, সুতরাং আমি এমন কিছু সমস্যার উল্লেখ করব যা আপনাকে তৈরি রাখবে।

আপনি যখন চিন্তাহীনতার সঙ্গে জীবনযাপনের সিদ্ধান্ত নেন, তখন আপনার হাতে অঢেল সময় থেকে যেতে পারে কারণ আপনি দুশ্চিন্তা, ক্লেশ এবং বিষণ্ণতার মতো সমস্যাগুলো থেকে নিজেকে দূরে ঠেলে দেবেন। বেশিরভাগ সমস্যাগুলোকে আপনার সমস্যা বলে মনেই হবে না যখন আপনি সেগুলোকে সমস্যা হিসেবে গণ্য করা বন্ধ করবেন। আপনার মনে হবে যে আপনার জীবনে এমন শান্তি আপনি কখনোই অনুভব করেননি।

মানুষ হিসেবে আমরা অপরিচিত জিনিসগুলোর সঙ্গে নিজেকে ওয়াকিবহাল করানো প্রয়োজন মনে করি না কারণ, যা অজানা তা অনিশ্চিত। অশ্চর্যের বিষয় এই যে, যখন মানুষ সুখ এবং শান্তি অনুভব করে, তখনই সে পুনরায় ভাবনাচিন্তায় লীন হয়ে যায়। কারণ তার পক্ষে ভীতিহীন জীবনযাপন এক অপরিচিত বিষয় এবং যা অপরিচিত তা-ই অনিশ্চিত। অনেকেই মনে করতে পারেন যে, তারা গোটা দিনটাকে ঠিকঠাকভাবে ব্যাবহার করছেন না, কারণ তাদের মনে কোনও তাড়া বা চিন্তা নেই। তারা পুনরায় ভাবনাচিন্তার পথে এগোন। কারণ তারা এই শান্তিপূর্ণ জীবনযাপনে অভ্যস্ত নন এবং তারা তাদের সুরক্ষিত স্থানেই থাকতে চান। প্রকৃতপক্ষে এমনটি ঘটে কারণ যখন আমারা চিন্তামুক্ত থাকি তখন আমরা সুখে থাকি। কখন অনায়াসেই সময় কেটে যায় আমরা তা বুঝতে পারি না এবং আমরা অনায়াসেই ইতিবাচক অনুভূতির প্রতি আকর্ষণ বোধ করি। আপনাকে চিন্তাহীনতার এই পরিস্থিতির প্রতি আকৃষ্ট হতে হবে, তবেই আপনি

সেই সবকিছু পাবেন যা আপনি চেয়েছেন এবং এই অবস্থা থেকে কখনই আপনার বিতৃষ্ণা ধরবে না।

এমনটি হয় যখন আপনি নিজের উপর ভরসা করেন এবং মনে করেন যে বিশ্বাসেই সমস্ত সমস্যার সমাধান হবে। আপনাকে জানতে হবে যে এই ব্রহ্মাণ্ড আপনার হিতে কাজ করছে বিপরীতে নয়। আপনাকে জানতে হবে যে যা ঘটে তা অবশ্যই কোনও কারণেই ঘটে, এবং অকৃতকার্যতার কোনও অস্তিত্ব নেই, সবই অভিজ্ঞতা গঠনের পদ্ধতি। ব্যর্থতা আমাদের নতুন বিষয় শেখার এবং এগিয়ে যাওয়ার সুযোগ দেয়। অজানাকে সর্বদা আহ্বান জানানো উচিত কারণ একমাত্র অজানাই আমাদেরকে অপ্রত্যাশিত ফলাফলের দিকে এগিয়ে যেতে সাহায্য করে, যা আমাদের আশার ঊর্ধ্বে। যখন অজানাকে আহ্বান করার সাহস আমরা অর্জন করি, আমাদের জীবনে পরিবর্তনের আসতে বাধ্য।

আপনি যদি আপনার চিন্তাহীনতার স্থিতিকে অস্বাভাবিক মনে করেন তাহলে জানবেন আপনার চিন্তাশক্তি আপনাকে এমনটা করতে বাধ্য করছে। আপনার মস্তিষ্ক আপনাকে বারংবার চিন্তাভাবনায় লিপ্ত হতে উৎসাহিত করবে। ঠিক সেই মুহূর্তেই আপনাকে অজানার প্রতি বিশ্বাস রেখে এগিয়ে যেতে হবে এবং আপনার চিন্তাহীনতার স্থিতিকে গ্রহণ করে তাকে আরো দৃঢ় করে তুলতে হবে যাতে আপনাকে আপনার চিন্তাশক্তি কক্ষচ্যুত না করে।

যদি আপনি পুনরায় ভাবনায় লিপ্ত হন, তবে তা স্বাভাবিক। নিজেকে এ বিষয়ে দোষারোপ করার প্রয়োজন নেই। নিজেকে শাস্তি দেওয়ারও প্রয়োজন নেই। কারণ তা হলে আপনার চিন্তাশক্তি পুনরায় প্রভাবিত হবে। আপনাকে আপনার ভাবনার স্রোত বুঝতে হবে এবং যখনই সেই স্রোতে আপনি নিজেকে বয়ে যেতে দেখবেন, ঠিক তখনি আপনাকে সাবধান হতে হবে। ঠিক এই ভাবেই আপনি নিজের পূর্ববর্তী অবস্থায় ফিরে যেতে পারবেন যা আপনাকে সুখ, শান্তি ও সমৃদ্ধির পথে অনায়াসেই এগিয়ে নিয়ে যাবে।

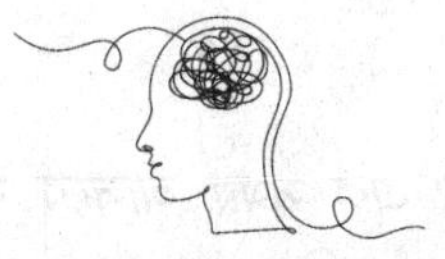

১৭

এরপর কী?

“

জীবনে এমন এক সময় আসবে যখন আপনার মনে হবে যে, সবকিছু শেষ হয়ে এসেছে, সেটিই হবে এক নতুন প্রারম্ভ।

”

লুইস ল্যামর

বইয়ের শুরুতে আমি কথা দিয়েছিলাম যে, বইটা শেষ পর্যন্ত পড়লে আপনি আর আগের মানুষটি থাকবেন না। আপনি একজন সম্পূর্ণ ভিন্ন ব্যক্তিতে পরিণত হবেন। আমরা বইটির শেষ পর্যায়ে চলে এসেছি ঠিকই, কিন্তু আপনার জন্য এটাই আপনার জীবনের একটি নতুন সূচনা। আপনি সুখ, শান্তি এবং ভালোবাসা থেকে শুধুমাত্র এক পা দূরে, যে দূরত্ব আপনি নস্যাৎ করতে পারেন শুধুমাত্র চিন্তাহীনতাকে আলিঙ্গন করে। এই কথাগুলোকে আপন করে নিন কারণ আপনার আশার আলোই আপনাকে জটিল থেকে জটিলতর সময়কে পার করার শক্তি দেবে। আপনি যদি বইটা মুক্ত চিন্তাধারা গঠনের উদ্দেশে পড়া শুরু করে থাকেন তবে আপনি ইতিমধ্যে জীবনের সত্য অনেকাংশে বুঝেছেন এবং জীবনকে নতুনভাবে বুঝতে শুরু করেছেন। আপনি যখন কোনও বিষয়কে অন্তর্দৃষ্টি দিয়ে পর্যবেক্ষণ করা শুরু করেন তখন সেই বিষয়টিকে অগ্রাহ্য করতে পারবেন না। আপনি আপনার চেতনাকে একবার প্রসারিত করার পর তাকে সংকুচিত করতেও পারবেন না। আমরা মাঝে মধ্যেই আমাদের জীবনের উদ্দেশ্য ভুলে যেতে পারি এবং ভাবনাচিন্তার প্রক্রিয়ায় লিপ্ত হতে পারি, কিন্তু যে মুহূর্তে আমরা আমাদের ভুল বুঝতে পারি, আমরা পুনরায় ভালোবাসা, শান্তি ও সমৃদ্ধির খোঁজে যাত্রা করি।

যদি আপনার মনে হয় কখনই তা সম্ভব নয়, তবে এটা আপনার চিন্তাশক্তি যা আপনাকে এমন ভাবতে বাধ্য করছে। যা সত্য তা সাধারণ এবং সর্বদা বিরাজমান।

সেই সবকিছু সত্য নয় যা আপনি সত্য বলে মনে করেন, বরং সত্য হল সেই বস্তু যা আপনার অন্তরে বিরাজমান। আপনাকে সর্বদা আপনার মনের সত্যতাকে অনুসরণ করতে হবে। এই জগৎ

আপনাকে সর্বদা বোঝানোর চেষ্টা করতে থাকবে যে আপনি যথেষ্ট নন, আপনার মধ্যে কোনও খুঁত আছে, তবে আপনি যখন নিজের মনের কথা শুনতে পারবেন তখন নিজের স্বরূপ সম্পর্কে অবগত হবেন। আপনার পরামর্শদাতারা আপনার সামনে অজস্র মতামত পেশ করবেন। আপনি তাদেরকে ধন্যবাদ জানাবেন আপনার প্রতি তাদের উদ্বেগের জন্য। প্রকৃতপক্ষে তারাও কিন্তু নিজেদের ভাবনাচিন্তায় জর্জরিত। আপনাকে জানতে হবে যে আপনি স্বয়ংসম্পূর্ণ। আপনার যা প্রয়োজন তা আপনাতেই বিরাজমান। আমরা যখন এটা ভুলে যাই তখনই আমাদের চিন্তার মায়াজালে জড়িয়ে পড়ি।

ভাবনাচিন্তামুক্ত জীবনযাপন করুন এবং আপনার মনে যে চিন্তার উদ্ভব হবে তাকে দূরে ঠেলে জীবনে চমৎকারের আনন্দ উপভোগ করুন। আপনি আপনার নতুন জীবনযাপনের মন্ত্র অন্যদের সঙ্গে ভাগ করে নিতে পারেন। তবে আপনাকে হয়তো সেটা করার প্রয়োজন নাও হতে পারে কারণ, আপনার মধ্যে পরিবর্তনগুলো সকলেই দেখতে পাবে। আপনি কোনও বাধা ছাড়াই এগিয়ে যেতে পারবেন এবং আপনি হয়তো পরম সুখের অনুভূতি পেতে সক্ষম হবেন।

আপনার এই বইটির প্রতি আকর্ষণকে কাকতালীয় বলে ধরে নেবেন না। আমি সবসময় নিজেকে ধন্য মনে করি আপনাদের সঙ্গে আমার এই সীমিত জ্ঞান ভাগ করে নিতে পারাব জন্য।

অধ্যায়টি শেষ করার আগে আপনাদের কাছে আমার একটা অনুরোধ রইল। আপনি যদি বইটার উপকারিতায় কোনওভাবে মুগ্ধ হয়ে থাকেন তবে নিজের জীবন থেকে মাত্র ৬০ সেকেন্ড বার করে আমাজনে একটি ভালো মন্তব্য লিখে দিন। আপনারা বইটির মাধ্যমে কোন কোন বিষয় উপলব্ধি করতে পেরেছেন এবং কোন কোন বিষয় আপনার জীবনে পরিবর্তন এনেছে সে বিষয়ে জানার অপেক্ষায় থাকব। আপনার ছোট্ট বার্তা হাজার হাজার ব্যক্তিকে একটি নতুন পথে চালনা করতে সাহায্য করতে পারে।

আপনি যদি আমার কাছে অন্য কোনও বিষয়ে বিস্তারিত জানতে

চান, তবে আমার সঙ্গে hello@josephnguyen.org এই ঠিকানায় যোগাযোগ করতে পারেন। আমার মেইল বক্স আপনাদের জন্য সর্বদা অবারিত।

ইতি,

প্রেম ও আলোর সাথে

জোসেফ

পুনশ্চ: পরবর্তী পর্যায়ে আমি কিছু বিষয়ে বিস্তারিত আলোচনা করব। আপনি যদি সে বিষয়ে কোনও সাহায্যের আশা করে থাকেন, তবে আপনি আমার ওয়েবসাইটে যেতে পারেন এবং আমরা কীভাবে এক হয়ে কাজ করতে পারি সে বিষয়ে আলোচনা করব।

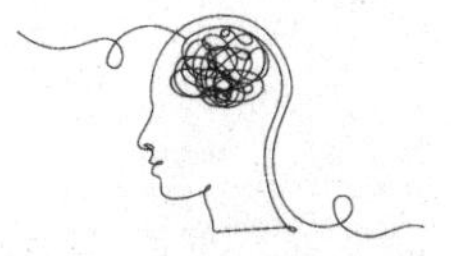

চিন্তাহীনতার সারমর্ম

- ভাবনাচিন্তা সমস্ত দুঃখ কষ্টের একমাত্র উৎস। যেকোনও সমস্যাকে আমরা খুব সহজেই সমাধান করতে পারি শুধুমাত্র ভাবনাচিন্তাকে নির্মূল করে। যখন আমরা আমাদের চিন্তাভাবনাকে দূরে ঠেলে দিই তখন আমরা ইতিবাচক চিন্তাধারাকে আহ্বান জানাতে সক্ষম হই। ভাবনাচিন্তা আমাদেরকে বাস্তব জীবন থেকে দূরে ঠেলে একটি কাল্পনিক জগতে নিয়ে যায়। চিন্তা কখনোই আমাদের অভিজ্ঞতার ফসল নয়, বরং তাদের কারণ। আমাদের মস্তিষ্কে যে ভাবনাগুলো বিরাজমান সেগুলো বাস্তব নয়।
- আমরা যদি বিশ্বাস করি তবেই ভাবনাচিন্তা আমাদেরকে নিয়ন্ত্রণ করবে। পীড়া থেকে মুক্তির জন্য ভাবনাচিন্তা থেকে মুক্ত হতে হবে। আমাদের অন্তরের সাড়াই আমাদেরকে বলতে পারে, আমরা ভুল পথে যাচ্ছি না সঠিক পথে। আমাদের অনুভূতি আমাদেরকে সত্যের আলো দেখায়। আমরা যখন চিন্তাভাবনা বন্ধ করি তখন আমরা প্রবাহের স্থিতি লাভ করি।
- আমাদের অন্তরাত্মা এবং পরমাত্মার মধ্যে কোনও ভেদ নেই। যখন আমরা ভাবনাচিন্তা করি তখনই আমাদের সম্পর্ক ছিন্ন হয়।
- ভাবনাচিন্তা করা এক জৈবিক ক্রিয়া। আমাদের মস্তিষ্ক চিন্তা করে কারণ চিন্তাভাবনা আমাদেরকে বাঁচিয়ে রাখতে সাহায্য করে, তবে উন্নতিলাভ করতে কখনোই সাহায্য করে না। আমাদেরকে পরিপূর্ণতা দেয় না। ভাবনাচিন্তা আমাদেরকে নেতিবাচক অনুভূতির মধ্যে ঘিরে ধরে এবং আমাদের প্রগতির পথে বাধা হয়ে দাঁড়ায়।
- আমাদের মস্তিষ্ক আমাদের অভিজ্ঞতাগুলোর মধ্যে সীমিত থাকে। আপনি যদি আপনার সাধ্যের বাইরে গিয়ে বিষয়গুলো অর্জন করতে চান, তবে আপনাকে আপনার অন্তরাত্মার ডাক শুনতে হবে।

- সর্বজনীন বুদ্ধিমত্তা হল সেই সত্তা যেখানে সবকিছুর উৎপত্তি। এই শক্তির একটি ভিন্ন তীব্রতা আছে যা আপনাকে শান্তি, ভালোবাসা ও সমৃদ্ধির পথে এগোতে সাহায্য করবে। আমরা যখন আমাদের চিন্তাশক্তিকে ত্যাগ করি, তখন আমরা সমস্ত ইতিবাচক অনুভূতিকে আহ্বান জানাই।
- আমরা আমাদের চিন্তাশক্তিকে ত্যাগের মাধ্যমে নতুন নতুন ধারণাকে আহ্বান জানাই। আমাদের অন্তরাত্মা সর্বদা নতুন ধারণাকে আহ্বান জানাতে উৎসাহিত করে।
- শান্তি, ভালোবাসা, আনন্দ সবই মানব জীবনের অংশ যা আমরা অনুভব করতে পারি তখনই যখন চিন্তাশক্তিকে ত্যাগ করি। এবং আমরা সমস্ত ইতিবাচক অনুভূতিকে অনায়াসেই পাই।
- আমরা আমাদের চেতনাকে প্রসারিত করতে পারি চিন্তাহীনতার মাধ্যমে।
- আমাদের মস্তিষ্ক সর্বদাই নির্মল, তবে ভাবনাচিন্তার ঘনঘটায় তা কুলষিত হয় এবং আমরা শান্তি, আনন্দ, সুখ ও স্বাচ্ছন্দ্য থেকে বঞ্চিত হই।
- জগতে এমন কিছুই নেই যা সহজাতভাবে ভুল। তবে চিন্তাভাবনার মাধ্যমে এমনটা প্রতীত হতে পারে। আপনাকে কিছুই ঠিক করতে হবে না কারণ আপনি কিছু ভুল করেননি। আপনাকে যা মাথায় রাখতে হবে তা হল, আপনি ভাবনাচিন্তাকে নিজের জীবনে প্রবেশ করিয়ে আপনার জীবনকে অস্থির করে তুলছেন। আপনাকে সবকিছু দূরে থেকে নিজের সত্যতাকে আপন করে নিতে হবে এবং আপনার আসল পরিচয় জানার চেষ্টা করতে হবে। আপনি যখন এমনটা করবেন আপনার সমস্ত সমস্যার সমাধান আপনি পেয়ে যাবেন।
- আপনি যখন পুরোনো চিন্তা ত্যাগ করে নতুন ধারণার জন্য রাস্তা তৈরি করেন তখন আপনি পরমাত্মার ইঙ্গিতকে আহ্বান জানান এবং সেটাকে অনুসরণ করার মাধ্যমে আপনার জীবনে পরিবর্তন আসে।

ভাবনাচিন্তা দূর করার উপায়

- নিজের চারিদিকের পরিবেশকে এমনভাবে সাজিয়ে নিন যাতে করে আপনি চিন্তামুক্ত থাকতে পারেন।
- আপনার দিন শুরু করুন একটি সুষ্ঠ কর্মসূচির মাধ্যমে যা আপনাকে পুরনো চিন্তা থেকে মুক্তি দিয়ে নতুন ধারণার সৃষ্টি করতে সাহায্য করবে।
- নিজের জন্য সময় বার করুন যা আপনি ব্যবহার করবেন নিজেকে চিন্তামুক্ত অবস্থায় ফিরিয়ে নেওয়ার জন্য।
- আপনি বেছে নিন কোন বিষয়টি আপনাকে চিন্তামুক্ত করতে সাহায্য করে। তা ধ্যান বা মেডিটেশন হতে পারে, লেখা, ব্যায়াম করা বা নিজের পোষ্যর সঙ্গে সময় কটানোও হতে পারে।

চিন্তাভাবনা দূর করার কর্মসূচি

১. বোঝার চেষ্টা করুন যে, আপনার চিন্তারাই আপনার সমস্ত দুঃখের কারণ।
   - আপনাকে বুঝতে হবে যে, আপনি যদি কোনও কষ্ট পেয়ে থাকেন তবে তার কারণ হল আপনার চিন্তা।
   - চিন্তা এবং ভাবনার মধ্যে পার্থক্য বুঝতে শিখুন।
   - চিন্তার মূল কারণ খোঁজার প্রয়োজন নেই কারণ চিন্তাই হল সবকিছুর মূল কারণ।

২. নেতিবাচক চিন্তাভাবনার জন্য শূন্যস্থান তৈরি করুন।
   - তাদের থাকার কারণ জানতে চেষ্টা করুন।
   - বোঝার চেষ্টা করুন যে, আপনি এই চিন্তাগুলোকে ধারণ করেছেন, আপনাকে তারা ধারণ করেনি।
   - আপনার চিন্তাভাবনা যে আপনার একার সে বিষয়ে সোচ্চার হোন এবং এই বিষয়ে ভয় পাওয়ার কোনও কারণ নেই।

- নেতিবাচক চিন্তাভাবনাকে প্রবেশ করতে দিন এবং আপনি দেখবেন যে তারা আপনার স্বীকারোক্তি চাইছে।
- বোঝার চেষ্টা করুন যে, আপনার নেতিবাচক চিন্তা আপনার উপর চড়াও তখনই হচ্ছে যখন আপনি হতে দিচ্ছেন।
- প্রত্যেকটি অনুভবের পেছনে একটি সত্য লুকিয়ে থাকে, যা আপনাকে সোচ্চার হতে সহায্য করে।

৩. যখন আপনার মধ্যে চিন্তাভাবনা ভিড় করে তখন তাদেরকে বয়ে যেতে দিন এবং নিজেকে তাদের সঙ্গে জড়িয়ে যেতে বাধা দিন। আপনি দেখবেন এমনটি করতে আপনি অনেক ইতিবাচক অনুভূতিকে আহ্বান জানাতে পেরেছেন এবং অনেক নেতিবাচক ধারণাকে নস্যাৎ করতে পেরেছেন। এই পদ্ধতি অনুসরণ করতে থাকুন এবং আপনি আপনার উদ্দেশ্যের পথে এগিয়ে যাবেন।

আপনার পথের সম্ভব্য বাধা

১. আপনি নিজেকে চিন্তায় জড়িয়ে ফেলতে পারেন এবং তাদেরকে দূর করা আপনার পক্ষে অসম্ভব হয়ে উঠতে পারে।

- যদিও আপনাকে জানতে হবে যে আপনি একবার এই পর্যায়ে পৌঁছে যাওয়ার পর আপনার ফিরে যাওয়ার কোনও পথ নেই। আপনি যদি আপনার জীবনকে একটি ভিন্ন রূপ দিতে চান তবে আপনাকে ভিন্ন কিছু ক্রিয়াকলাপের সাহায্য নিতে হবে। আপনি যদি প্রতিনিয়ত একই কার্যকলাপ করে ভিন্ন ফল আশা করেন, সেই আপনার বাতুলতা বই কিছুই নয়। প্রকৃত প্রশ্ন এটাই যে, আপনি সুখী হতে চান, কি চান না। আপনি যদি বুঝতে পারেন যে, আপনার সমস্ত সমস্যার কারণ শুধুমাত্র আপনার চিন্তাভাবনা, তবে আপনি চিন্তাহীনতার পর্যায়ে পৌঁছাতে পারবেন।

২. উপযুক্ত বিশ্বাসের অভাব

- আপনি যদি মনে করেন যে সুখ অর্জন করা আপনার পক্ষে সম্ভব, তবে সত্যিই সম্ভব। এমন একটি সম্ভাবনা তৈরি করতে হবে যেখানে প্রতিদিন আনন্দ, শান্তি এবং ভালোবাসায় জীবন ভরে উঠবে। আপনাকে প্রথমে বিশ্বাস করতে হবে যে এটি সম্ভব। আপনাকে এও জানতে হবে যে আপনি আপনার চেয়ে অনেক বৃহৎ এক সত্তার অংশ যা সর্বদা আপনার ভালোর জন্য মুখিয়ে আছে।

৩. ভয়

- আপনি ভয়ের সম্মুখীনও হতে পারেন এবং তা সম্পূর্ণ স্বাভাবিক। কোনও ভালো কিছু করার আগে ভয়ের অনুভব হওয়া শুভ কাজের ইঙ্গিত। ভয় আপনাকে মারবে না তবে আপনি যদি ভয়কে জয় করতে না পারেন তবে আপনার এমনটা হতে পারে। আপনার ভয়ের কারণ আপনার চিন্তা। আপনি যদি নিজের ভয়কে নির্মূল করতে চান তবে আপনকে তবে আপনার চিন্তাভাবনাকে ত্যাগ করতে হবে। ছকটি মেনে চললে আপনি ভয় কাটিয়ে উঠতে পারবেন।

আপনি চিন্তাহীনতার পর্যায়ে আছেন কিনা তা কীভাবে জানবেন?

আপনি যখন চিন্তাহীনতার পর্যায়ে পৌঁছে যাবেন, আপনি শান্তি ভালোবাসা এবং সম্পূর্ণতার আভাস পাবেন। আপনি নিজেকে প্রবাহের পরিস্থিতিতে পাবেন। আপনি সময়ের হিসাব রাখতে পারবেন না এবং আপনি জীবনের সঙ্গে একাত্ম বোধ করবেন। এমতাবস্থায় আপনি জানতে পারবেন যে, আপনি চিন্তাভাবনার মধ্যে বিরাজমান নন।

গতিবিধির নথি

১ থেকে ১০-এর মধ্যে নিজেকে ভাবনাচিন্তার পর্যায়ে কত নম্বর দেবেন? (সবথেকে কম ১ এবং সবথেকে বেশি ১০) আপনার দিনের কত শতাংশ আপনি চিন্তা করে কাটিয়েছেন? কত শতাংশ আপনি শান্তিতে কাটিয়েছেন?

চিন্তাহীনতার পরিবেশ গঠনের উপদেষ্টা

আপনার চারিপাশের পরিবেশই নিশ্চিত করবে আপনি ভাবনা চিন্তাকে দূরে ঠেলে দেবেন নাকি ভাবনা চিন্তার দিকে নিজেকে এগিয়ে দেবেন।

যদিও আমরা আমাদের চরিত্র আমাদের অন্তরের বিষয়বস্তুগুলি থেকে নির্ধারণ করি তবুও আমাদের পরিবেশের দ্বারাও আমরা অনেকটা প্রভাবিত হয়ে থাকি। যেহেতু আমরা প্রত্যেকেই এক একজন আধ্যাত্মিক সত্তা যারা বাস্তবিক জগতে বসবাস করছি সেহেতু আমরা এই বাস্তবিক জগতের থেকে সম্পূর্ণভাবে ছিন্ন হতে পারি না সুতরাং আমাদের জন্য একটি চিন্তা মুক্ত পরিবেশ গঠন করা খুবই প্রয়োজন। কার্যক্ষম হওয়ার সর্বশ্রেষ্ঠ পথ হল আশেপাশের বাধা-বিপত্তিগুলোকে নস্যাৎ করা।

একইভাবে যে বিষয়গুলো আমাদের চিন্তার পরিস্থিতিতে বারংবার ঠেলে দিচ্ছে সেই বস্তুগুলোকে যদি আমরা নিজেদের থেকে দূরে সরিয়ে দিতে পারি তবেই আমরা একটি শান্তিপূর্ণ চিন্তামুক্ত অবস্থায় পৌঁছাতে পারব। মনে রাখতে হবে যে, শুধুমাত্র আশেপাশের পরিবর্তনই ফলদায়ক হবে না বরং নিজের পরিবর্তনও প্রয়োজনীয়। উভয়ের উপযুক্ত মেলবন্ধন আপনাকে একটি শান্তিপূর্ণ জীবন দান করতে সাহায্য করবে।

ভাবনা উদ্ভবকারী বিষয়গুলোকে বাধা দানের প্রক্রিয়া

১. যে সমস্ত বিষয়গুলো আপনাকে ভাবনাচিন্তা বন্ধ করতে সক্ষম করছে সেগুলোর একটি তালিকা তৈরি করুন।

(ক) যে সমস্ত বিষয় আপনার মস্তিষ্কে আনাগোনা করছে সেগুলো লিখুন। বোঝার চেষ্টা করুন কোন বিষয়টা আপনাকে ভেতর থেকে উজ্জীবিত হওয়ার অনুভূতি দিচ্ছে। যদি আপনি একটি শান্তি ও স্বচ্ছতার পরিস্থিতিতে বিরাজমান হন তবে আপনার উত্তর আপনি পেয়ে গেছেন।

(খ) যদি আপনি কোনও উপায় খুঁজে না পান তবে সেসমস্ত বিষয়গুলো মনে করার চেষ্টা করুন যা আপনাকে দুশ্চিন্তার মধ্যে ঠেলে দিতে বাধ্য করে। যে কোনও বিষয় যা আপনাকে এমন পরিস্থিতিতে ঠেলে দেয় তা কখনোই আপনাকে চিন্তামুক্ত করতে সক্ষম হবে না।

(গ) যদি এমনটিও সম্ভব না হয় তবে সম্পূর্ণ সপ্তাহের জন্য একটি তালিকার ব্যবস্থা করুন। যেখানে আপনি প্রত্যেক দিনে ঘটা সেই বিষয়গুলোকে তালিকাবদ্ধ করবেন যেগুলো আপনার মনে দ্বন্দ্বের সৃষ্টি করেছে। সপ্তাহের শেষের দিকে আপনি একটা উপযুক্ত তালিকা পেতে সক্ষম হবেন।

২. যে যে বিষয়গুলোকে আপনি তালিকাবদ্ধ করেছেন সেগুলোকে সাজিয়ে নিন. নিম্নলিখিত কয়েকটি ভাগে আপনি আপনার নথিকে ভাগ করতে পারেন।

ক. শারীরিক সুস্থতা

এমন কী আছে যা আপনি নিজের শরীরে প্রয়োগ করলে তা আপনার মনে দ্বন্দ্বের সৃষ্টি করে (দুশ্চিন্তা, চাপ, অতিরিক্ত চিন্তা)? খাদ্য, উত্তেজক পদার্থ, পানীয়, ইত্যাদি।

খ. শারীরিক পরিবেশ

শারীরিক পরিবেশের অন্তর্গত এমন কি আছে যা আপনাকে

দ্বন্দ্বের চালনা করে (দুশ্চিন্তা, চাপ, অতিরিক্ত চিন্তা)?

গ. ডিজিটাল পরিবেশ

আপনার ফোন কম্পিউটার অথবা টিভি থেকে আসা কোন বিষয়গুলো আপনাকে দ্বন্দ্বের মধ্যে ঠেলে দেয় (দুশ্চিন্তা, চাপ, অতিরিক্ত চিন্তা)?

ঘ. ডিজিটাল কনজাম্পশন

কোন মিডিয়া কনটেন্টগুলো আপনাকে দ্বন্দ্বের সম্মুখীন করে (দুশ্চিন্তা, চাপ, অতিরিক্ত চিন্তা)?

৩. সবকিছু বেছে নেওয়ার পর একটি তালিকা তৈরি করুন এবং যে বিষয়গুলো আপনাকে সব থেকে বেশি প্রভাবিত করে সেগুলোকে তালিকায় সর্বোচ্চ স্থান প্রদান করুন।

৪. সর্বোচ্চ স্থানে যে বিষয়গুলো রয়েছে সেগুলোর এক একটিকে বেছে নিন এবং তাদেরকে দূর করার উপায় খুঁজে নিন। তবে যে বিষয়গুলো পরিবর্তনযোগ্য সেগুলোকে বেছে নিন যেগুলো পরিবর্তনযোগ্য নয় সেগুলোকে পরিবর্তনের চেষ্টা করে নিজের দুশ্চিন্তা বৃদ্ধি করার প্রয়োজন নেই (এমনটি করলে আপনার উদ্দেশ্যে সক্ষম হবে না)। ছোট ছোট পদক্ষেপ নিয়ে শুরু করুন এবং ফলাফলগুলো আপনি নিজেই দেখতে পারবেন, আপনি নিজেই এগুলোকে দূর করতে সক্ষম হবেন।

কীভাবে একটি চিন্তাহীনতার উপযুক্ত পরিবেশ গঠন করবেন?

যা কিছু আপনাকে শান্তি দেয়, আপনি তার একটি তালিকা তৈরি করবেন। উদাহরণস্বরূপ বলা যেতে পারে— ধ্যান বা মেডিটেশন, শরীরচর্চা বা কোনও নির্দিষ্ট গান ইত্যাদি।

১. উদাহরণ

ক. শারীরিক অবস্থা

আপনি এমন খাদ্যবস্তু গ্রহণ করুন যা আপনাকে সুস্থ, সবল এবং প্রাণবন্ত রাখতে সাহায্য করে।

খ. উপযুক্ত পরিবেশ

যে বিষয়গুলো আপনাকে পরমাত্মার সঙ্গে একাত্ম হতে সাহায্য করে, তাকেই চিন্তাহীনতার উপযুক্ত পরিবেশ বলা যেতে পারে।

গ. ডিজিটাল পরিবেশ আপনার ফোন, কম্পিউটার, বা টেলিভিশন আপনাকে কীভাবে পরমাত্মার সঙ্গে যুক্ত করে?

ঘ. ডিজিটাল ব্যবহার কোন ডিজিটাল বিষয়গুলো আপনাকে নিজের সঙ্গে একাত্ম অনুভব করতে সাহায্য করে?

২. এই বিষয়গুলোর মধ্যে কোনটি আপনার কাছে বেশি লাভজনক এবং কোনটি কম লাভজনক সেটা আপনি পর্যায়ক্রমে সাজান।

৩. আপনি বেছে নিন কোন বিষয়টিকে আপনি বেশি গুরুত্ব দেবেন এবং তাকে আপনি প্রতিনিয়ত অভ্যাস করুন। প্রথম পর্যায়ে খুব বেশি কিছুর প্রয়োজন নেই। আপনার পক্ষে যতটা সম্ভব আপনি ততটা করবেন।

৪. একটি নিয়ম মেনে আপনার পছন্দের ক্রিয়াকলাপ, যা আপনাকে চিন্তাহীনতার পর্যায়ে নিতে যেতে সাহায্য করছে, সেটাকে প্রতিনিয়ত অভ্যাস করুন। গুটি গুটি পায়ে এগিয়ে যান। নিজেকে অপ্রয়োজনীয় জিনিসে ভারাক্রান্ত করার প্রয়োজন নেই। নিজের

জন্য সময় বার করার মতো পরিস্থিতি যেন আপনার থাকে।

৫. আপনি নিজের দিন যেভাবে শুরু করবেন আপনার সম্পূর্ণ দিনের গতি তার উপর নির্ধারিত হবে। আপনি আপনার ফোনের সঙ্গে দিন শুরু করবেন না। সেটাকে ফ্লাইট মোডে রেখে দিন। তবে কীভাবে শুরু করবেন সেটা আপনার উপর নির্ভর করছে।

৬. আপনি আপনার দিনের শুরুটা যেভাবে করবেন, সেটা আপনাকে সমস্ত দিনের চিন্তাভাবনা থেকে দূরে ঠেলে দিতে সাহায্য করবে। এই কারণে মহান পরামর্শদাতারা সকলেই নিজেদের দিনের শুরু একটি নির্দিষ্ট কর্মসূচি দিয়ে করেন।

আপনার কাজের মধ্যে ভাবনাচিন্তাকে উপেক্ষা করার উপায় আছে

১. সেসব বিষয়গুলোকে তালিকাবদ্ধ করুন যেগুলো আপনাকে অস্থির করে তোলে এবং আপনার কর্মশক্তিকে ক্ষয় করে।

২. সেসমস্ত বিষয়গুলোকে তালিকাবদ্ধ করুন যেগুলো আপনাকে উজ্জীবিত করে।

৩. সমস্ত বিষয়গুলোকে আপনার পছন্দ অনুসারে ১ থেকে ১০-এর মধ্যে রাখুন এবং সেই অনুযায়ী সেগুলোকে বাস্তবায়িত করুন।

৪. প্রত্যেক সপ্তাহে নিজের তালিকা থেকে সেই কাজগুলো মুছে দিতে থাকুন যেগুলো আপনার শক্তিক্ষয় করে। তারপর সেগুলোকে ১ থেকে ১০-এর মধ্যে রাখুন।

৫. আপনার উদ্দেশ্য হবে ৯ থেকে ১০-এর মধ্যে যে কার্যকলাপগুলো থাকবে, সেগুলোকে অভ্যাস করা।

কীভাবে ধ্বংসাত্মক অভ্যাসগুলো নস্যাৎ করবেন

আপনি যখন ভাবনাচিন্তা করা বন্ধ করবেন তখন আপনি অনেক নেতিবাচক এবং ধ্বংসাত্মক অভ্যাসের সম্মুখীন হতে পারেন। তবে এমনটা হওয়া সম্পূর্ণভাবে স্বাভাবিক। আপনাকে এ বিষয়ে নিজেকে দোষারোপ করার প্রয়োজন নেই। আপনি নিম্নোক্ত উপায়গুলো ব্যবহার করতে পারেন।

১. আপনাকে জানতে হবে আপনি নিজের মধ্যে কোন কোন বিষয়কে পরিবর্তন করতে পারেন। আপনি যদি কিছু পরিবর্তন করতে চান, তবে আপনাকে জানতে হবে আপনি কী পরিবর্তন চান। এ বিষয়ে জানতে না পারলে আপনি কষ্টের হাত থেকে রেহাই পেতে পারবেন না।

২. এই পদক্ষেপ নেওয়ার পর আপনাকে জানতে হবে আপনি নিজের মধ্যে কী কী পরিবর্তন দেখতে পারছেন।

৩. আপনাকে জানতে হবে এরপর আপনি কেমন অনুভব করছেন এবং কোন অনুভূতি আপনাকে উত্তেজিত করছে। আপনাকে নিজের সঙ্গে সৎ হতে হবে।

৪. এমতাবস্থায় আপনার চিন্তাভাবনার ধারা কেমন, আপনি নিজেকে কী বলতে চাইছেন, সেটা বোঝার চেষ্টা করুন।

৫. এই অভ্যাসটি আপনাকে কী কী ভাবতে বাধ্য করছে এবং কেন করছে?

৬. আপনি যখন এই ভাবনাকে বিশ্বাস করেন তখন আপনার কেমন অনুভূতি হয়?

৭. আপনি যদি এমনটি না ভাবেন তবে আপনি কী কী অভিজ্ঞতার সম্মুখীন হবেন?

৮. আপনি কি ১০০ শতাংশ নিশ্চিতভাবে বলতে পারেন যে, তেমনটাই হবে?

৯. আপনি কি বুঝতে পারছেন যে, এমনটি ভাবার ফলে আপনি কতরকমভাবে ক্ষতিগ্রস্ত হচ্ছেন?

১০. আপনি কি চাইছেন যে আপনার এই চিন্তা আপনাকে এইভাবেই ক্ষতিগ্রস্ত করুক?

১১. আপনি নিজের অন্তরাত্মার কাছে জিগ্যেস করুন যে আপনার জানার বিষয়টি কী? এটি আপনাকে কী জানাতে চাইছে? এটা আপনাকে কী দেখাতে চাইছে? আপনার অন্তরাত্মার কাছে জিগ্যেস করুন যে, আপনি এই পরিবর্তন কেন চান?

১২. যখন আপনি সমস্ত প্রশ্নের উত্তর পেয়ে যাবেন, আপনি শান্তি, স্বাধীনতা এবং আনন্দের অনুভূতিগুলোকে স্বাগত জানাবেন। নিজের কাঁধ থেকে একরাশ বোঝা নেমে যেতে দেখবেন। আপনি দেখবেন আপনার নেওয়া সিদ্ধান্ত আপনার কাছে সঠিক মনে হবে এবং আপনি জানবেন আপনি সঠিক পথে যাচ্ছেন। নিজেকে এই পরিস্থিতির মধ্যে ডুবে যেতে দিন এবং জীবনের আনন্দ লাভ করবেন।

১৩. আপনি যে অনুভূতিগুলোর সম্মুখীন হয়েছেন সেগুলোকে লিখতে শুরু করুন। তবেই আপনার সঙ্গে ঘটা চমৎকারগুলোর নথি আপনার কাছে থাকবে।

যদি আপনার পুরনো ভাবনাগুলো পুনরায় ফিরে আসে আপনি কী করবেন?

এই উপদেষ্টা অনুসরণ করতে থাকুন, যতক্ষণ না আপনি আপনার উদ্দেশ্য খুঁজে পাচ্ছেন এবং যতক্ষণ আপনার জীবনে কোনও পরিবর্তন ঘটছে।